>>> 图书使用说明 <<<

1.题型分类

根据主观题的题型分类，进行专章训练。每个章节设有题型特征、高分思维、例题详解、刻意练习四个部分。助你学透、练透每种题型的得分技巧。

> **第二章　简答题的解题规范与刻意练习 / 8**
> 　　第一节　题型特征 / 8
> 　　第二节　高分思维 / 8
> 　　第三节　例题详解 / 9
> 　　第四节　刻意练习 / 14
>
> **第三章　案例分析题的解题规范与刻意练习 / 32**
> 　　第一节　题型特征 / 32
> 　　第二节　高分思维 / 32
> 　　第三节　例题详解 / 33
> 　　第四节　刻意练习 / 42

2.题型特征

> ### 第一节　题型特征
>
> 　　法律硕士联考中，简答题共 7 题，基础卷 4 题，综合卷 3 题，每题 10 分，共 70 分。其中民法学 2 题，共 20 分；刑法学 2 题，共 20 分；法理学 1 题，共 10 分；宪法学 1 题，共 10 分；法制史 1 题，共 10 分。
> 　　该题型主要考查对基础知识的记忆和理解能力，难度中等，考查范围非常全面，非重点也经常出题，因此应当全面背诵，切忌心存侥幸去猜重点。

快速掌握每种题型的特点，明白考查目的和分值，分解题型重难点，迅速锁定需要提升的能力。

>>> 图书使用说明 <<<

3.高分思维

第二节　高分思维

1. 案例分析题答题公式：结论+大前提+小前提+再啰唆一遍结论。分析过程很重要，分析过程写好了才能得满分，但前提是结论必须正确。

（1）关于大前提，是指所引用的法条或司法解释规定的内容，或者相关概念。

（2）关于小前提，是指案件事实，需要结合案情对当事人的行为进行分析。

以"大前提—小前提—结论"的推理方式进行案例分析，符合司法机关法律推理的逻辑习惯，用此推理方式进行案例分析无疑是符合阅卷标准的。

2. 时间控制：每个案例分析题应当在 20 分钟以内答完。

针对不同题型总结公式化答题思路，高度概括内容，更快记忆得分点，细化要点扩展，从作答思维上改变得分途径。

>>> 图书使用说明 <<<

4.例题详解

精选经典例题，全方位展示解答过程，全面展示解题步骤，手把手传授得分思维和技巧，参考答案清晰明了，详细展示每一个得分点。

|例4| （2021·非法学·综合卷）简述1923年《中华民国宪法》的主要特点。

【解题步骤】

第一步：快速回忆《中华民国宪法》的相关要点，如《中华民国宪法》的历史地位、特点、存在的局限性。

第二步：根据回忆的概念和要点进行拓展答题。

【参考答案】

北洋政府于1923年公布的《中华民国宪法》，因系曹锟为掩盖"贿选总统"的丑名而授意炮制，故又被称作"贿选宪法"，是中国近代宪政史上公布的第一部正式宪法。(介绍《中华民国宪法》的历史地位)

《中华民国宪法》的特点主要表现在：

（1）条文完备，形式民主。该宪法以1913年"天坛宪草"为底本，吸纳了宪法学者多年的研讨成果，立法技术较为成熟。该宪法规定"中华民国永远为统一民主国""中华民国主权属于全体国民"，这是对复辟帝制和各种专制政体的彻底否定。该宪法还规定了人民广泛的民主权利，以及代议制、责任内阁制、财政审计制度等。这些条文对民主制度的建构，形式上已颇为完备。(介绍《中华民国宪法》的条文及其形式)

（2）名义上实行地方自治，实则确认国内军阀的势力范围。为了平衡各派军阀和大小军阀之间的关系，巩固曹锟、吴佩孚控制的中央大权，对"国权"和"地方制度"作了专门规定，实际上宪法成了大小军阀实现利益分配的"账单"。(解释《中华民国宪法》的局限性)

>>> 图书使用说明 <<<

5.刻意练习

精选高质量练习题，按照答题模式规范作答，刻意训练答题技巧，用正确的方法训练出得高分的能力。

第四节　刻意练习

请考生在指定的答题横线上，按照前文所述的答题模式尝试作答下列问题。
（注意时刻提醒自己，按照答题公式规范作答！）

1. 简述罪刑法定原则的基本内容和体现。

_____
_____
_____
_____
_____
_____
_____
_____
_____
_____
_____
_____
_____
_____
_____

犀牛教育法硕团队 组织编写

法律硕士联考

主观题
解题规范与
刻意练习手册

张富胜 主编

图书在版编目(CIP)数据

法律硕士联考主观题解题规范与刻意练习手册 / 张富胜主编. —北京：北京大学出版社,2021.7
ISBN 978-7-301-32278-9

Ⅰ.①法… Ⅱ.①张… Ⅲ.①法律—研究生—入学考试—自学参考资料 Ⅳ.①D9

中国版本图书馆 CIP 数据核字(2021)第 118289 号

书　　　名	法律硕士联考主观题解题规范与刻意练习手册 FALÜ SHUOSHI LIANKAO ZHUGUANTI JIETI GUIFAN YU KEYI LIANXI SHOUCE
著作责任者	张富胜　主编
责 任 编 辑	李佳男　王建君
标 准 书 号	ISBN 978-7-301-32278-9
出 版 发 行	北京大学出版社
地　　　址	北京市海淀区成府路 205 号　100871
网　　　址	http://www.pup.cn　http://www.yandayuanzhao.com
电 子 信 箱	yandayuanzhao@163.com
新 浪 微 博	@北京大学出版社　@北大出版社燕大元照法律图书
电　　　话	邮购部 010-62752015　发行部 010-62750672 编辑部 010-62117788
印 刷 者	三河市博文印刷有限公司
经 销 者	新华书店
	787 毫米×1092 毫米　16 开本　15.75 印张　215 千字 2021 年 7 月第 1 版　2021 年 7 月第 1 次印刷
定　　　价	69.00 元

未经许可，不得以任何方式复制或抄袭本书之部分或全部内容。
版权所有，侵权必究
举报电话：010-62752024　电子信箱：fd@pup.pku.edu.cn
图书如有印装质量问题，请与出版部联系，电话：010-62756370

前　言

对大多数人而言,考上法律硕士研究生的难度越来越大,这一点不仅表现在逐年递增的报考人数上,还体现在逐年升高的复试线上。因此,要想顺利"上岸",科学、高效地备考显得尤为重要。具体来说就是采用正确的方式听课和刷题。本书要告诉大家的就是如何正确刷题。

首先,得分能力可以通过练习来提升。

每年考试中总有一部分考生,能力超群,取得超高的分数。对于他们能考取高分的原因,大部分人将其归结为个人天赋。一般考生都认为自己没有天赋,不可能考出高分。

其实不然。莫扎特是被公认的音乐天才,他很小时就能够分辨出音乐的音调,这种能力是极其罕见的。莫扎特的这种能力一直被作为证明"天赋是与生俱来的"绝好例子。天才之所以是天才,就是因为天赋异禀。

2014年,日本一位心理学家做了一个实验,他招募了24个2~6岁的孩子,在训练他们一年以后,这24个孩子全部具有了完美音高。也就是说,经过训练也可以获得和天才一样的表现。

所以,所谓的潜能也是可以被训练出来的,就像跑步、健身能够锻炼肌肉一样,采用正确的方法就可以训练出来。同理,普通学生通过训练一样可以变成高分学霸。

其次,如果只图练习的时长,看似刻苦,能力却未必会提高。

目前市面上有各种各样的刷题书籍,各培训机构更是开发了各种刷题软件,能满足考生们站着刷、躺着刷、走路刷等随时随地刷题的需求。不过,考生们发现虽然自己耗费大量的时间去刷题,甚至把各培训机构的书籍、试卷、题库刷了个遍,但是仍然不得要领,收效甚微。有的人刷完题后,分数不仅没有提高,反而下降了,这导致部分考生越来越没有信心,有的甚至放弃了考试。

出现这一现象的主要原因在于考生进入了这样一个认识误区:认为只要用于练习的时间足够多,学习足够刻苦,能力慢慢就提高了。这种想法忽略了练习的规范性与方法的正确性,事实上是以错误的方式一而再,再而三地做某件事情,有时候还会让我们停滞不前,甚至可能导致能力下降。

最后,只有方法正确,练习才真正有效。

有效的练习,不等于长时间地练习,也不等于重复练习,只有正确地练习才真正有效。那么什么样的练习方法才是正确的呢?这个很重要的方法叫作刻意练习。

什么是刻意练习?佛罗里达州立大学著名心理学教授安德斯·艾利克森在其与罗伯特·普尔所著的《刻意练习——如何从新手到大师》一书中对刻意练习作了很好的总结:要在一个领域快速成长,最好的办法就是让优秀的人给你指导和反馈,你可以第一时间学习到正确的理念和方法,从而极大地提高学习效率。这就是刻意练习,也是为什么在一些领域,高水平的老师和有效的方法,加上高强度的训练,就能够创造"天才"。

在这一方法论的指导下,犀牛教育法硕团队编写了这本书。本书初稿成于2018年,迄今为止,作为机构的"秘密武器",只提供给内部高端班学员使用。之所以被机构列为"秘密武器",主要有以下几个方面的原因:

前言

1. 理念科学

本书推翻了传统刷题资料的编写方式,抛弃传统刷题资料单纯地只列"题+解析"的模式。犀牛教育法硕团队主张让考生按照题型进行分解练习,按照既定的解题模式手把手教学生"解剖"题目,提升考生的得分能力,达到"做一道,会十道"的效果。相较传统的练习方式,考生更容易在练习中领悟命题规律,掌握各题型的破题技巧。

2. 讲练结合

本书各题型的内容分为两部分,一部分是结合真题讲述该种题型的命题规律及解题技巧,另一部分是精选高质量的真题和模拟题,供考生反复练习使用。

3. 团队强大

本书的作者不仅是有多年授课经验的老师,更是实至名归的学霸。每一位作者的考研分数和司考(现改为法考)分数都在400分以上,截至本书付梓,均考上西南政法大学的博士。作者们用自己斐然的成绩证明了这套学习方法切实可行。参与本书编写的人员还有杨攀、田少帅、董新新,感谢他们愿意将自己成功的学习秘诀与读者分享。

4. 方法有效

2018年至2020年,机构内部高端班高分学霸频出,实践证明,该练习方法切实有效,也再次证明普通学生通过刻意练习也可以和学霸一样优秀。

将机构的"秘密武器"公之于众,对我们来说是一个十分艰难的决策。我们非常清楚,一旦本书正式出版,机构将面临同行的模仿等一系列问题。经过反复讨论,我们最终还是决定与北京大学出版社一起合作将本书出版,希望本书能够让更多考生成为学霸,能够帮助更多考生顺利"上岸"。

张富胜
2021年7月1日

目 录

第一章 法律硕士联考专业课主观题考情分析 / 1

第一节 法律硕士联考专业课主观题的题型分布 / 2

第二节 法律硕士联考专业课主观题的能力要求 / 2

第三节 法律硕士联考专业课主观题的考查趋势 / 4

第四节 法律硕士联考专业课主观题的复习策略 / 5

第二章 简答题的解题规范与刻意练习 / 8

第一节 题型特征 / 8

第二节 高分思维 / 8

第三节 例题详解 / 9

第四节 刻意练习 / 14

第三章 案例分析题的解题规范与刻意练习 / 32

第一节 题型特征 / 32

第二节 高分思维 / 32

第三节 例题详解 / 33

第四节 刻意练习 / 42

第四章　分析题的解题规范与刻意练习　/　63

　　第一节　题型特征　/　63

　　第二节　高分思维　/　63

　　第三节　例题详解　/　65

　　第四节　刻意练习　/　76

第五章　论述题的解题规范与刻意练习　/　90

　　第一节　题型特征　/　90

　　第二节　高分思维　/　90

　　第三节　例题详解　/　91

　　第四节　刻意练习　/　102

第六章　法条分析题的解题规范与刻意练习　/　114

　　第一节　题型特征　/　114

　　第二节　高分思维　/　114

　　第三节　例题详解　/　115

　　第四节　刻意练习　/　122

第七章　刻意练习答案解析　/　146

　　第一节　简答题刻意练习答案解析　/　146

　　第二节　案例分析题刻意练习答案解析　/　178

　　第三节　分析题刻意练习答案解析　/　199

　　第四节　论述题刻意练习答案解析　/　208

　　第五节　法条分析题刻意练习答案解析　/　225

第一章 | 法律硕士联考专业课主观题考情分析

　　主观题主要考查知识点的综合运用。重点知识点的练习运用，具有较高的主观性。题目不同于选择题的点多而难，主观题大部分是常见的重点，考查的知识点也比较简单，定位知识点比较容易，所以更多看重的是背诵记忆。

　　但是主观题不仅需要精确答出知识点，而且需要结合材料进行论述，所以答案也具有开放性。主观题侧重的是背诵记忆，知识点的拓展练习。近年来考查的内容更多偏向于综合作答，不再是仅仅列出几个知识点就能得满分，简答题甚至要对关键知识点进行拓展论述，论述题更需要对涉及的知识点进行全方位的拓展，基本是得分容易，得高分不易，得满分难。案例分析题在主观题中占分较高，其理论性与技术性很强，例如在刑法中，其理论性要求考生对总则中定罪量刑的标准有系统的把握，其技术性要求考生在作答时应按照定罪量刑的思维，有步骤地展开，拿分也是不容易的。

　　如果要和其他人拉开差距，取得更高的分，则需要更高的综合应用能力。只有经过专业的刻意训练，吃透主观题的不同题型，掌握每种题型的考查规则和技巧，才能更好地提高得分能力。

第一节　法律硕士联考专业课主观题的题型分布

我们用以下表格直观展示主观题的题型、题数、分值和总分。

表 1　法律硕士联考（非法学）专业课主观题题型分布

专业基础卷（刑法学、民法学）			
题型	题数	分值	总分
简答题	4	10	40
法条分析题	2	10	20
案例分析题	2	15	30
专业综合卷（法理学、宪法学、法制史）			
简答题	3	10	30
分析题	3	10	30
论述题	2	15	30

表 2　法律硕士联考（法学）专业课主观题题型分布

专业基础卷（刑法学、民法学）			
题型	题数	分值	总分
简答题	4	10	40
论述题	2	15	30
案例分析题	2	20	40
专业综合卷（法理学、宪法学、法制史）			
简答题	3	10	30
分析题	3	15~20	50
论述题	2	15	30

第二节　法律硕士联考专业课主观题的能力要求

专业基础卷包括刑法学和民法学两部分，在考查刑法学和民法学基础知识、基本理论的同时，注重考查考生运用刑法学原理和民法学原理分析、解决问题的能力和运用法律语言表达的能力。

考生应能：

1. 准确地再认或再现刑法学和民法学的基础知识。

2. 正确理解和掌握刑法学和民法学的重要概念、特征、内容及其法律规定。

3. 运用刑法学和民法学原理解释和论证某些观点，明辨法理。

4. 结合社会生活或特定的法律现象，分析、评价有关案件、事件，找出运用法律知识解决实际问题的方法。

5. 准确、恰当地使用法律专业术语，论述有据，条理清晰，符合逻辑，文字表达通顺。

专业综合卷包括法理学、中国宪法学和中国法制史三部分，主要考查相关学科的基本概念、基本知识和基本原理，从理论法学的角度测试考生是否具备法律硕士专业学位培养目标所要求的知识、能力和素养。在考查考生对基本概念和基本理论的理解及掌握的同时，侧重考查考生综合运用法学知识及原理分析、解决现实问题的能力和运用法律语言的表达能力。

考生应能：

1. 正确掌握和准确理解法理学、中国宪法学和中国法制史的基本概念、特征和基本原理。

2. 正确运用法理学、中国宪法学和中国法制史的基本知识和原理对给定材料进行分析处理和正确评价。

3. 结合我国法治建设的实际，综合运用法理学、中国宪法学和中国法制史的基本知识和原理，对我国现实法律现象和法治问题进行综合分析，并提出切实可行的解决方案。

4. 准确、恰当地使用法学专业术语和运用法律思维进行表达，论述有据，条理清晰，符合逻辑，文字表达通顺。

第三节 法律硕士联考专业课主观题的考查趋势

近年来，法律硕士联考专业课主观题考查的题型虽然没有多大变化，但是考查内容以及灵活度已经发生了很大的变化。重者恒重，但是重点越来越多，考查的角度也不再局限于传统角度，也不再只是答出关键词就能得高分，在此，详细分析一下近年来主观题的考查趋势。

法律硕士联考专业课的试题难度在逐步提高，主观题考查的部分知识点已经超出了"考试分析"，这些所谓的"超纲题"近年来增加了不少，如2018年民法学考查的简答题"简述表演者的权利与表演权的区别"。无可厚非，面对一年比一年多的参考人数，法律硕士联考要达到优中选优的目的，就必然要更严格地筛选，只有对相关知识掌握得更加细致全面的考生，才能拔得头筹。

分析历年的试卷，不难看出主观题中专业基础分数普遍偏低，相对来说专业综合分数要高一些，除专业基础的控分因素以外，这和近年的考查方式发生一定变化有关。专业基础考查民法学、刑法学的内容，客观性、宏观性知识比较多，理解性也比较强，综合性考查内容增多，历年来得分率都不高。而专业综合近年来也倾向于法理学与宪法学或法制史结合，实际上法理学的分值已经超过了60分，是法律硕士联考综合卷三个学科中分数最高的一门学科，法理学的理解比较抽象，离生活也比较远，理解难度相对来说比较大。宪法学考查的内容较为细碎、枯燥，复习难度也较大。法制史的知识点虽然集中，但是考查的点越来越细，需要背诵的知识较多。专业综合很大部分都是需要记忆的知识，所谓"背多分"，但是也要在背多的基础上，掌握做题技巧。

总的来说，主观题的考查，近年来越来越偏向于综合考查，不仅是题目的综合性，也是学科和学科之间的交融，题目更灵活，答案也更加灵活，需要站在全局的高度去作答，才能得高分。

第四节　法律硕士联考专业课主观题的复习策略

备考是需要技巧的，特别是法律硕士联考，历过了这么多年已经有一定的规律和技巧可寻。法律硕士联考有其自身的特点，法律纷繁复杂，顺势更新，考查的方式也越来越趋于灵活。如何有效准备，才能做到心中有数，下笔如有神，与其他考生拉开差距，这需要在开始就要想明白，后面才能有计划地一步一步完成。

(一) 第一要义：基础背诵

主观题很多都是考查知识点的记忆和重点知识的拓展。不同于选择题的偏、难、怪，主观题的知识点更多的是常规知识点，但是其对于综合知识的运用要求更高，想要得高分不是仅掌握关键词就可以的。而且从前面的分析可以看出，近年来法律硕士联考（法学）主观题考查分值达到了220分，法律硕士联考（非法学）主观题考查分值达到了180分，因此，这部分内容非常重要。这要求在时间充足的前提下，要对整个知识体系有全面的了解，搭建自己的知识框架，最好是每个知识点都有拓展框架，这会为后续的背诵提供很大的便利。基础充实，才能在基础之上对答案进行填充完善，才能有丰富的血肉，受到阅卷老师的青睐。背诵不但是不可缺少的，而且也是需要技术的。背诵的目的并不是要求一字一句完全一模一样地背诵下来，而是要"书读百遍，其义自见"，即所谓的理解。刑法学和民法学是最需要注重理解的科目，这样才能在解答主观题时有整体的意识，特别是论述题和案例分析题。对不同章节的知识点进行融会贯通，站在一个比较宏观的角度去思考这些问题，答案才会更加全面，拓展也会更加紧扣题目，才会有意想不到的效果。

但是，背诵不仅仅是背诵"考试分析"的内容，而是要在背诵"考试分析"内容的基础上，查缺补漏，紧跟热点，适时补充知识点，这样在考试出现超纲题时才能临危不乱，做到心中有数。

一个重要提示，背诵不在于多，而在于质量。这主要是想强调两个方面，一个方面是背诵的资料不要"百花齐放"，选择适合的背诵资料即可，不要听说哪一本资料好或者觉得哪一本资料好，就在自己根本无法完全吃透的情况下盲目跟风购买，这不仅是浪费，也会给自己造成心理压力，反而得不偿失。另一个方面是盲目追求背诵的遍数，听闻其他同学把"考试分析"背了十遍八遍，自己也想要背诵十遍八遍，一味追求速度，实际上并没有很好的成效。做好计划，脚踏实地，不盲目贪多图快，最后的效果会好很多。

（二）重中之重：答题思路

通过背诵，知识的砖瓦已经准备就绪，如何让它成为把我们送"上岸"的阶梯，此时需要好的答题思路作为指路牌，指明哪种题型需要走哪条路，才能走得稳而远。

在主观题中，不同的题型所运用的答题思路也不一样。简答题要学会概念和要点拓展的结合，不能只是罗列关键点；案例分析题要注意答出结论之后对大小前提的分析论证，分析过程非常重要，分析到位了才有得满分的可能；综合分析题在言明结论的前提下，精准定位相关原理，结合题目所给的材料进行分析论述，是对基础知识运用和扩展的综合性考查；论述题注意先述后论，结合题目要求把基础概念表述完整，并结合自己的理解对涉及的相关理论进行评价，注重逻辑严谨和语言连贯，当然也需要分段清晰，字数合适。

（三）得分关键：刻意练习

正所谓"一年之计在于春，一日之计在于晨"，有计划要趁早，才能赶上好时候，收获好结果。考研之计划，必须在下定决心之后立马落实，不然只是纸上谈兵。

首先要给自己定一个目标，拆分试卷，根据自己要报考院校的分数，来确定主观题需要达到多少分（可以给自己的目标定得稍高一些，这样才有浮动的余地），然后再细分到每一个学科，给自己定好计划。

对于主观题，在突破了背诵大关之后，更多的是要进行实战练习，确定好时间和题目，进行刻意练习。结合每个学科的特点，从不同题型的答题思路出发，立足于历年真题，参考高分答案，结合做题技巧、思路，在反复练习中不断提升自己的做题能力。

计划的时间可以从宏观的月份细化到分钟，合理安排时间，制订好计划，把每一次练习都当成实战，只要坚持，进步指日可待。

（四）备考难点：良好心态

好的心态是成功的一半，很多考研成功的同学无一例外都有一个良好的心态。考研是一个漫长而孤独的过程，是自我的追求，不同于高考的千军万马齐头并进，考研不仅是对外的战役，相较于要战胜其他考研人，更重要的是战胜自己。不经一番彻骨寒，怎得梅花扑鼻香，所有的成就其实都是不易的，大家都在努力，努力在专业上精进，也努力在调整自己的心态。筑梦踏实，在同一条路上我们的未来各不相同，唯有努力实现梦想的样子是一样的，不服输，懂取舍，理想在前方，走好脚下的路。

第二章 | 简答题的解题规范与刻意练习

第一节　题型特征

法律硕士联考中，简答题共7题，基础卷4题，综合卷3题，每题10分，共70分。其中民法学2题，共20分；刑法学2题，共20分；法理学1题，共10分；宪法学1题，共10分；法制史1题，共10分。

该题型主要考查对基础知识的记忆和理解能力，难度中等，考查范围非常全面，非重点也经常出题，因此应当全面背诵，切忌心存侥幸去猜重点。

第二节　高分思维

1. 简答题答题公式：概念+要点+一句话拓展。

（1）关于概念，在简答题中，无论题目是否有要求，必须先在开头回答概念。在阅卷中，概念占0.5~1分，相当于潜在得分点，如果没答概念，每道简答题丢0.5~1分，7道简答题就会丢3.5~7分。

（2）关于要点，在简答题中，考查的内容大多来源于"考试分析"，每一个要点都是高度的概括总结，需要考生按照"考试分析"所列的要点进行精准记忆。

(3) 关于一句话拓展，因为要点是高度浓缩的语句，字数较少，如果仅写明要点，卷面过于单薄，不利于获得高分。因此，需要对要点的内容进行一句话补充阐述。拓展只要一句话即可，不用写太多。拓展一句话和拓展三四句话得分一样，没必要浪费时间。

2. 特别提示：如何言之有理地进行一句话拓展？

拓展要点的五大方法（可以根据实际情况调用，对于简答题来说选择一至两种方法即可，因为只需要一句话，要注意用法言法语）：

(1) 进一步解释要点中的关键概念。

(2) 举例子。

(3) 反过来再说一次。如果没有这个因素会怎么样、如果做不到这样会有什么后果等。

(4) 解释其意义、作用、原因、局限性、措施等。

(5) 联系相关因素，解释要点与其他相关因素的联系。

3. 时间控制：每个简答题应当在10分钟内答完，答题字数为100～200字。

第三节　例题详解

| 例 1 |（2021·非法学·基础卷）简述宅基地使用权的特征。

【解题步骤】

第一步：快速回忆宅基地使用权的概念及特征。宅基地使用权是一种用益物权，其在主体、内容、客体、使用权的取得方面有其特殊性。

第二步：根据回忆的概念和要点进行拓展答题。

【参考答案】

宅基地使用权是指农村集体经济组织成员因建造自有房屋而依法对集体所有

的土地享有的占有、使用的权利，是我国特有的一种用益物权。(明确宅基地使用权的概念)

宅基地使用权的特征在于：

(1) 宅基地使用权的主体限于农村集体经济组织成员。(从主体方面阐述宅基地使用权的特征)

(2) 宅基地使用权的内容限于建造、保有住宅及其附属设施。(从内容方面阐述宅基地使用权的特征)

(3) 宅基地使用权的客体限于集体所有的土地，换言之，宅基地的所有权归集体。(从客体方面阐述宅基地使用权的特征)

(4) 宅基地使用权的取得是无偿的且没有期限限制，故该权利具有福利性。(从无偿性、无期限方面阐述宅基地使用权的特征)

| 例 2 | (2021·非法学·基础卷) 简述法律事实的概念与主要分类。

【解题步骤】

第一步：快速回忆法律事实的概念及相关要点，并对法律事实进行分类。法律事实分为法律事件与法律行为，而法律事件又可以进一步分为绝对事件和相对事件。

第二步：根据回忆的概念和要点进行拓展答题。

【参考答案】

法律事实是指能够引起法律关系产生、变更或消灭的各种事实的总称。(明确法律事实的概念)

按照法律事实是否与当事人的意志有关，可以把法律事实分为法律事件和法律行为。(对法律事实进行分类)

(1) 法律事件，指法律规范规定的、与当事人意志无关的能够引起法律关系产生、变更或消灭的客观事实。根据事件是否由人们的行为引起可以划分为绝对事件和相对事件。①绝对事件，指不是由人们的行为而是由某种自然原因引起的法律事件。②相对事件，指由人们的行为引起的，但在该法律关系中并不以权利主体的意志为转移的法律事件。(解释法律事件的含义，对法律事件进行分类，并进一步解释分类后的含义)

(2) 法律行为：从法律关系的角度看，法律行为是指与当事人意志有关的能够引起法律关系产生、变更或消灭的作为和不作为。(解释法律行为的含义)

| 例 3 | （2021·非法学·综合卷）简述我国人大代表执行职务的保障。

【解题步骤】

第一步：快速回忆我国人大代表执行职务的保障及相关要点。执行职务的保障主要从言论、人身、时间、物质方面考虑。

第二步：根据回忆的概念和要点进行拓展答题。

【参考答案】

(1) 言论免责权。人大代表在人民代表大会各种会议上的发言和表决，不受法律追究。(进一步解释"言论免责权"的具体内容)

(2) 人身特别保护权。县级以上的各级人民代表大会代表，非经本级人民代表大会主席团许可，在本级人民代表大会闭会期间，非经本级人民代表大会常务委员会许可，不受逮捕或者刑事审判。如果因为是现行犯被拘留，执行拘留的机关应当立即向该级人民代表大会主席团或者人民代表大会常务委员会报告。(进一步解释"人身特别保护权"的具体内容)

(3) 时间保障。人大代表在本级人民代表大会闭会期间，参加由本级人民代表大会常务委员会或者乡、民族乡、镇的人民代表大会主席团安排的代表活动，代表所在单位必须给予时间保障。(进一步解释"时间保障"的具体内容)

(4) 物质保障权。人大代表执行代表职务，其所在单位按正常出勤对待，享受所在单位的工资和其他待遇。无固定工资收入的代表执行代表职务，根据实际情况由本级财政给予适当补贴。(进一步解释"物质保障权"的具体内容)

| 例 4 |（2021·非法学·综合卷）简述 1923 年《中华民国宪法》的主要特点。

【解题步骤】

第一步：快速回忆《中华民国宪法》的相关要点，如《中华民国宪法》的历史地位、特点、存在的局限性。

第二步：根据回忆的概念和要点进行拓展答题。

【参考答案】

北洋政府于 1923 年公布的《中华民国宪法》，因系曹锟为掩盖"贿选总统"的丑名而授意炮制，故又被称作"贿选宪法"，是中国近代宪政史上公布的第一部正式宪法。(介绍《中华民国宪法》的历史地位)

《中华民国宪法》的特点主要表现在：

（1）条文完备，形式民主。该宪法以 1913 年"天坛宪草"为底本，吸纳了宪法学者多年的研讨成果，立法技术较为成熟。该宪法规定"中华民国永远为统一民主国""中华民国主权属于全体国民"，这是对复辟帝制和各种专制政体的彻底否定。该宪法还规定了人民广泛的民主权利，以及代议制、责任内阁制、财政审计制度等。这些条文对民主制度的建构，形式上已颇为完备。(介绍《中华民国宪法》的条文及其形式)

（2）名义上实行地方自治，实则确认国内军阀的势力范围。为了平衡各派军阀和大小军阀之间的关系，巩固曹锟、吴佩孚控制的中央大权，对"国权"和"地方制度"作了专门规定，实际上宪法成了大小军阀实现利益分配的"账单"。(解释《中华民国宪法》的局限性)

| 例 5 |（2020·非法学·基础卷）简述犯罪客体的种类。

【解题步骤】

第一步：快速回忆犯罪客体的概念及相关要点。犯罪客体分为一般客体、同类客体和直接客体，直接客体又分为简单客体和复杂客体。

第二步：根据回忆的概念和要点进行拓展答题。

【参考答案】

犯罪客体是指犯罪活动侵害的、为刑法所保护的社会利益。犯罪客体是犯罪构成的必备要件之一。（明确犯罪客体的概念）按范围大小可将犯罪客体划分为一般客体、同类客体和直接客体，具体如下：

（1）一般客体，指一切犯罪所共同侵害的社会利益，即社会主义社会利益的总体。直接客体、同类客体都是一般客体的组成部分，三者之间是个别、局部与整体的关系。（联系相关因素，解释"一般客体"与其他相关概念的关系）

（2）同类客体，指某一类犯罪共同侵害的社会利益。同类客体是一类犯罪所侵犯的社会利益的共同属性，如公民的人身权利就是故意杀人罪、故意伤害罪、强奸罪、刑讯逼供罪、虐待罪等几种犯罪（或一类犯罪）共同侵犯的法益。（举例说明"同类客体"）

（3）直接客体，指某一犯罪直接侵害的某种特定的社会利益。犯罪的直接客体是某种犯罪构成的组成部分，它直接反映该种犯罪行为所侵害利益的社会性质。（进一步解释"直接客体"的含义）

根据犯罪行为侵害的直接客体的数量，可以把直接客体分为简单客体和复杂客体。简单客体，指某一犯罪只侵害一个利益，如秘密窃取他人财物的，只侵害财产权，属于简单客体的犯罪。复杂客体，指某一犯罪侵害两个以上的利益，如以暴力方法抢劫他人财物的，不仅侵害财产权还侵害人身权，属于侵犯复杂客体的犯罪。区分简单客体与复杂客体对正确定罪量刑有重要意义。（进一步解释

"简单客体"与"复杂客体"的含义,同时举例说明。答刑法题一定要善于举例)

第四节　刻意练习

请考生在指定的答题横线上,按照前文所述的答题模式尝试作答下列问题。
(注意时刻提醒自己,按照答题公式规范作答!)

1. 简述罪刑法定原则的基本内容和体现。

2. 简述我国刑法在中国领域内的效力。

3. 简述犯罪客体与犯罪对象的联系和区别。

4. 简述不作为犯罪的义务来源。

5. 简述死刑适用及其限制性规定。

6. 简述再犯与累犯的区别。

7. 简述一般自首的概念及成立条件。

8. 简述民法的性质。

9. 简述民法中的平等原则。

10. 简述民事法律关系的概念和特征。

11. 简述民事法律关系的客体及物的类型。

12. 简述民事权利的保护方式。

13. 简述民事法律事实的法律后果。

14. 简述监护的概念及类型。

15. 简述法律意识的作用。

16. 简述法的作用的局限性。

17. 简述法如何保障自由。

18. 简述法的价值冲突的解决原则。

19. 简述法律规则的逻辑结构。

20. 简述法律部门的特征。

21. 简述法律解释的类型。

22. 简述法治原则的内容和在我国宪法中的体现。

23. 简述人民代表大会制度的特点。

24. 简述我国选举制度的基本原则。

25. 简述选举权的普遍性原则。

26. 简述宪法与依宪治国的关系。

27. 简述中国共产党领导的多党合作和政治协商制度的内容。

28. 简述民族区域自治制度的特征。

29. 简述礼与刑的关系。

30. 简述汉朝的主要法律形式。

31. 简述唐朝关于自首的规定。

32. 简述汉代文景时期刑制改革的内容。

33. 简述唐代的保辜制度。

34. 简述《大清会典》的特点。

35. 简述《大清新刑律》的特点。

第三章 | 案例分析题的解题规范与刻意练习

第一节 题型特征

案例分析题只在基础卷中出现，民法学1题，刑法学1题，非法学与法学分值不同。非法学每题15分，共2题，总计30分；法学每题20分，共2题，总计40分。相应的，法学中的案例分析题的难度会比非法学中的案例分析题的难度稍大一些。该题型主要考查考生运用法律知识解决实际案例的能力与法律适用的思维能力，难度中等，基础好的考生能够做到全对。

第二节 高分思维

1. 案例分析题答题公式：结论+大前提+小前提+再啰唆一遍结论。分析过程很重要，分析过程写好了才能得满分，但前提是结论必须正确。

（1）关于大前提，是指所引用的法条或司法解释规定的内容，或者相关概念。

（2）关于小前提，是指案件事实，需要结合案情对当事人的行为进行分析。

以"大前提—小前提—结论"的推理方式进行案例分析，符合司法机关法律推理的逻辑习惯，用此推理方式进行案例分析无疑是符合阅卷标准的。

2. 时间控制：每个案例分析题应当在20分钟以内答完。

第三节　例题详解

|例1|（2021·非法学·基础卷）王某驾车在某中学门口等红灯时，发现道路前方一人（甲）拿着书包奔跑，一人（乙）在后面边追边喊："你给我站住！"王某以为甲实施了抢劫犯罪，遂猛踩油门，开车将甲撞倒，致使甲受重伤。

请结合上述材料，回答下列问题并说明理由：

（1）如果事后查明，甲当时是盗窃后逃跑，王某的行为是否构成正当防卫？

（2）如果事后查明，甲当时是在和同学乙打闹，王某的行为是否构成正当防卫？

【参考答案】

（1）如果事后查明，甲当时是盗窃后逃跑，王某的行为不构成正当防卫，是防卫过当。（结论先行）《刑法》规定：为了使国家、公共利益、本人或者他人的人身、财产和其他权利免受正在进行的不法侵害，而采取的制止不法侵害的行为，对不法侵害人造成损害的，属于正当防卫，不负刑事责任。（大前提：法律规定）本案中，王某以为甲实施了抢劫犯罪（实际上实施了盗窃），王某为了使他人权利免受正在进行的不法侵害，遂猛踩油门，开车将甲撞倒的行为满足正当防卫的起因条件、时间条件、对象条件、主观条件，但不满足正当防卫的限度条件。因为从行为上看，甲已经在逃跑，王某驱车猛撞甲的行为明显超过了必要限度；从结果上看，最后致使甲受重伤，造成了重大损害，王某的行为是明显超过必要限度造成重大损害的防卫行为。（小前提：案件事实）因此，王某的行为属于防卫过当，应当减轻或者免除处罚。（再说一遍结论）

(2) 如果事后查明，甲当时是在和同学乙打闹，王某的行为不构成正当防卫，属于假想防卫。(结论先行)《刑法》规定正当防卫的起因条件是有不法侵害行为发生。如果不存在不法侵害，行为人误以为存在不法侵害而实施了防卫的，是"假想防卫"，不能成立正当防卫。(大前提：法律规定)本案中，由于王某误以为存在不法侵害，而实际上却不存在，其假想的防卫行为不构成故意犯罪。当时王某在某中学门口，应当预见到可能是学生之间的打闹行为，但因疏忽大意没有预见。(小前提：案件事实)因此，王某对重伤结果有过失，应认定过失致人重伤罪。(再说一遍结论)

例2 (2021·法学·基础卷) 2018年8月25日，A向B公司发送邮件，求购1000个芯片。2018年8月30日，A与C公司签订1000个芯片的买卖合同，交货日期为2018年9月30日，C依约向A支付10万元定金。2018年9月5日，B向A发来600个芯片同时说明只能供应600个，A收货并付款。

后A向B要求交付剩余400个芯片，B以自己无义务为由拒绝。2018年9月20日，A向C交付600个芯片并言明只能交付600个，愿意承担此次违约责任，并让C自行寻找别的货源。C依旧要求A交付剩余货物，在等待几个月无望之后，从市场购入400个芯片，此时芯片价格上涨，C比合同价款多支出了15万元。

请根据上述材料，回答下列问题并说明理由：

(1) A和B的合同何时成立？

(2) B是否有权拒绝交付剩余货物？

(3) C能否要求A双倍返还定金？

(4) C能否要求A赔偿15万元损失？

【参考答案】

(1) 2018年9月5日A和B的合同成立。(结论先行)《民法典》第488条规定："承诺的内容应当与要约的内容一致。受要约人对要约的内容作出实质性变更的，为新要约。有关合同标的、数量、质量、价款或者报酬、履行期限、履行地点和方式、违约责任和解决争议方法等的变更，是对要约内容的实质性变更。"（大前提：法律规定）在本案中，2018年8月25日，A向B公司发送邮件，求购1000个芯片，构成要约；2018年9月5日，B向A发来600个芯片同时说明只能供应600个，对数量作出了变更，属于实质性变更，构成新要约；A收货并付款，构成承诺，合同成立。（小前提：案件事实）因此，A和B的合同于2018年9月5日成立。（再说一遍结论）

（2）有权。（结论先行）A和B的合同中约定的芯片是600个，B已经履行完毕。（小前提：案件事实）因此，B有权拒绝交付剩余货物。（再说一遍结论）

（3）C有权要求A双倍返还定金。（结论先行）《民法典》第587条规定："债务人履行债务的，定金应当抵作价款或者收回。给付定金的一方不履行债务或者履行债务不符合约定，致使不能实现合同目的的，无权请求返还定金；收受定金的一方不履行债务或者履行债务不符合约定，致使不能实现合同目的的，应当双倍返还定金。"（大前提：法律规定）在本案中，A只能向C交付600个芯片，还有400个芯片不能交付，不能实现合同目的。（小前提：案件事实）因此，C有权要求A按比例双倍返还定金。（再说一遍结论）

（4）不能。（结论先行）《民法典》第591条第1款规定："当事人一方违约后，对方应当采取适当措施防止损失的扩大；没有采取适当措施致使损失扩大的，不得就扩大的损失请求赔偿。"（大前提：法律规定）在本案中，A已经言明只能交付600个芯片，并让C自行寻找别的货源。C应当采取适当措施防止损失的扩大，但是C却在几个月后才向他方购买芯片，致使损失扩大。（小前提：案件事实）因此，C不能要求A赔偿15万元损失。（再说一遍结论）

| 例3 | （2020·法学·基础卷）甲因盗窃被判5年有期徒刑，出狱后不

到两年时间入乙户盗窃，将乙用胶带捆绑，逼迫乙说出贵重财产的位置，乙趁甲不注意时，向窗外求助，不小心身体失去平衡，坠落身亡。

请根据上述材料，回答下列问题并说明理由：

(1) 对甲应该如何定罪？

(2) 甲的犯罪属于哪种犯罪状态？

(3) 甲的加重情节有哪些？

【参考答案】

(1) 甲的行为构成抢劫罪。（结论先行）抢劫罪是指以非法占有为目的，当场使用暴力、胁迫或者其他方法，强行劫取财物的行为。（大前提：法律概念）本案中，甲将乙用胶带捆绑，逼迫乙说出贵重财产的位置，即以非法占有为目的，采取暴力手段强行入户劫取财物，并致使被害人死亡。（小前提：案件事实）因此，甲的行为成立抢劫罪。（再说一遍结论）

(2) 甲的犯罪形态是抢劫罪（未遂）。（结论先行）抢劫罪的既遂标准有两个：劫取财物或者造成被害人轻伤以上的结果，符合一个即可成立。（大前提：法律规定）本案中，甲没有取得财物，对于乙的死亡结果只能评价为抢劫致人死亡，而不能将死亡结果评价为基本犯的结果，否则会导致结果的重复评价。（小前提：案件事实）因此，甲构成抢劫罪的未遂。（再说一遍结论）

(3) 甲的加重处罚情节有：

① 入户抢劫。（结论先行）根据相关司法解释的规定，入户盗窃因被发现而当场使用暴力相威胁的行为，应认定为入户抢劫。（大前提：法律规定）本案中，甲入户盗窃并用胶带捆绑乙，逼迫乙说出贵重财产的位置。（小前提：案件事实）因此，应当认定为入户抢劫。（再说一遍结论）

② 一般累犯。（结论先行）一般累犯是指被判处有期徒刑以上刑罚并在刑罚执行完毕或者赦免以后，在5年内再犯应当判处有期徒刑以上刑罚之罪的犯罪分

子。(大前提：法律概念)本案中，甲因盗窃罪被判处有期徒刑，刑满释放后5年内又犯判处有期徒刑以上刑罚之罪。(小前提：案件事实)因此，甲构成一般累犯。(再说一遍结论)

③抢劫致人死亡。(结论先行)根据《刑法》规定，抢劫致人死亡的，加重处罚。(大前提：法律规定)本案中，甲将乙捆绑，乙向窗外呼救坠楼死亡，乙的呼救行为是为了摆脱被抢劫的危困境地，其坠楼行为与甲的抢劫行为有因果关系。(小前提：案件事实)因此，甲的行为属于抢劫致人死亡的情形。(再说一遍结论)

| 例4 | (2020·法学·基础卷) 1998年4月1日，栗园村村委会与本村农户刘家签订土地承包合同，约定：村集体的耕地A地块交由刘家承包经营；承包期为1998年5月1日至2028年4月30日。

2012年5月1日，刘家与相邻B地块的承包户张家签订合同，约定：刘家有权在B地块取水浇田，每年支付2000元。刘家未对该权利申请登记。6月1日，刘家到B地块取水时，张家以刘家取水的权利未登记为由，不允许其取水。

2019年4月1日，刘家将A地块的土地经营权流转给本村农户李家，双方约定：李家有权于2019年4月10日至2030年3月31日期间使用A地块，每年支付500元/亩；刘家应于4月10日前交付A地块。4月5日，本村农户赵家得知刘家将土地经营权流转给李家，于是找到刘家，请求刘家将A地块的土地经营权流转给自己，并表示愿意每年支付700元/亩，刘家遂与赵家签订合同，并在当天交付了A地块。次日，李家发现赵家在使用A地块，要求赵家返还。

请根据上述材料，回答下列问题并说明理由：

(1) 张家不允许刘家取水的理由是否成立？

(2) 刘家与李家之间关于李家使用A地块期限的约定是否有效？

(3) 李家是否有权要求赵家返还A地块？

【参考答案】

（1）不成立。（结论先行）《民法典》第 374 条规定："地役权自地役权合同生效时设立。当事人要求登记的，可以向登记机构申请地役权登记；未经登记，不得对抗善意第三人。"（大前提：法律规定）在本案中，刘家取水的权利属于地役权，地役权自地役权合同生效时设立，不以登记为要件。（小前提：案件事实）因此，张家不能以权利未登记为由不允许刘家取水。（再说一遍结论）

（2）部分有效。（结论先行）《农村土地承包法》第 38 条规定："土地经营权流转应当遵循以下原则：……（三）流转期限不得超过承包期的剩余期限……"（大前提：法律规定）在本案中，根据栗园村村委会与刘家的约定，刘家对 A 地块的承包期为 1998 年 5 月 1 日至 2028 年 4 月 30 日，而刘家与李家约定李家有权于 2019 年 4 月 10 日至 2030 年 3 月 31 日期间使用 A 地块，刘家与李家约定的期限超出了承包期的期限。（小前提：案件事实）因此，该约定部分有效，部分无效。（再说一遍结论）

（3）有权。（结论先行）《民法典》第 335 条规定："土地承包经营权互换、转让的，当事人可以向登记机构申请登记；未经登记，不得对抗善意第三人。"（大前提：法律规定）在本案中，赵家已知刘家将土地经营权流转给了李家，不属于善意第三人。（小前提：案件事实）因此，李家有权要求赵家返还 A 地块。（再说一遍结论）

| 例 5 |（2019·法学·基础卷）2017 年 11 月 25 日，甲（2003 年 11 月 26 日生）在公共汽车上将手伸进丙的衣袋偷东西，丙发现后立即抓住甲的手。甲的同伙乙（2000 年 12 月 5 日生）见状拔出甲随身携带的匕首刺向丙胸部。丙情急之下拉过乘客陈某的胳膊挡在自己前面，乙刺中陈某胳膊，致其轻伤，甲、乙趁乱逃离现场。后乙在前往公安机关投案途中，被公安机关抓获。到案后，乙如实说明全部情况。

请根据上述材料，回答下列问题并说明理由。

（1）甲的行为如何认定？

（2）乙的行为如何认定？

（3）丙的行为如何认定？

（4）本案中的犯罪分子具备哪些法定的量刑情节及相应的量刑情节处理原则是什么？

【参考答案】

（1）甲不负刑事责任。（结论先行）根据《刑法》规定，一般情况下，未满14周岁的未成年人不负刑事责任。（大前提：法律规定）本案中，甲行为时未满14周岁。（小前提：案件事实）因此，甲不负刑事责任。（再说一遍结论）

（2）乙的行为构成抢劫罪。（结论先行）《刑法》第17条第2款规定："已满十四周岁不满十六周岁的人，犯故意杀人、故意伤害致人重伤或者死亡、强奸、抢劫、贩卖毒品、放火、爆炸、投放危险物质罪的，应当负刑事责任。"此外，第269条规定："犯盗窃、诈骗、抢夺罪，为窝藏赃物、抗拒抓捕或者毁灭罪证而当场使用暴力或者以暴力相威胁的，依照本法第二百六十三条的规定定罪处罚。"（大前提：法律规定）在本案中，乙行为时已满16周岁，在实施盗窃行为过程中，为抗拒抓捕，当场使用甲随身携带的匕首致人轻伤，构成转化型抢劫。（小前提：案件事实）因此，乙的行为构成抢劫罪。（再说一遍结论）

（3）丙的行为构成紧急避险，不负刑事责任。（结论先行）《刑法》第21条第1、2款规定："为了使国家、公共利益、本人或者他人的人身、财产和其他权利免受正在发生的危险，不得已采取的紧急避险行为，造成损害的，不负刑事责任。紧急避险超过必要限度造成不应有的损害的，应当负刑事责任，但是应当减轻或者免除处罚。"（大前提：法律规定）在本案中，丙为使本人的生命权利免受正在发生的紧迫危险，不得已拉过陈某的胳膊挡在自己身前，且没有造成不应

有的损害，符合紧急避险的成立条件。（小前提：案件事实）因此，丙的行为构成紧急避险。（再说一遍结论）

（4）乙犯罪时不满18周岁，应当从轻或者减轻处罚。（结论先行）《刑法》第17条第4款规定："对依照前三款规定追究刑事责任的不满十八周岁的人，应当从轻或者减轻处罚。"（大前提：法律规定）在本案中，乙犯罪时不满18周岁。（小前提：案件事实）因此，乙应当从轻或者减轻处罚。（再说一遍结论）

乙成立自首，可以从轻或者减轻处罚。（结论先行）《刑法》第67条第1款规定："犯罪以后自动投案，如实供述自己的罪行的，是自首。对于自首的犯罪分子，可以从轻或者减轻处罚。其中，犯罪较轻的，可以免除处罚。"（大前提：法律规定）在本案中，乙的情况属于自动投案，且如实供述自己的罪行，成立自首。（小前提：案件事实）因此，乙可以从轻或者减轻处罚。（再说一遍结论）

乙在公共交通工具上抢劫，属于加重处罚情节。（结论先行）《刑法》规定，在公共交通工具上抢劫的属于加重处罚情节。（大前提：法律规定）在本案中，乙在公共汽车上抢劫。（小前提：案件事实）因此，应对乙加重处罚。（再说一遍结论）

|例6|（2019·法学·基础卷）2017年3月1日，甲公司与乙银行书面约定：甲公司向乙银行借款，以在建写字楼作抵押担保的债权为2017年3月1日至12月31日期间签订的所有借款合同项下的借款本息之和，但担保债权总额不超过1亿元，签约后双方办理了抵押登记。

2017年4月1日，甲公司法定代表人汪某以甲公司的名义与乙银行签订了2000万元的借款合同。10月1日甲公司股东会决议：汪某代表公司所签借款合同，单笔限额为3000万元。12月31日汪某以甲公司的名义与乙银行签订4000万元借款合同。乙银行对甲公司股东会决议并不知情。

上述借款均在2018年12月1日到期，本息共计6500万元。同日，乙银行将上述债权转让给丙公司，并书面通知了甲公司。

请根据上述材料，回答下列问题并说明理由：

(1) 乙银行享有何种特殊抵押权？

(2) 汪某以甲公司的名义与乙银行签订的借款合同是否有效？

(3) 丙公司对在建写字楼是否享有抵押权？

(4) 本案中的抵押权在什么期间行使才能得到人民法院的保护？

【参考答案】

(1) 最高额抵押权。（结论先行）《民法典》第 420 条第 1 款规定："为担保债务的履行，债务人或者第三人对一定期间内将要连续发生的债权提供担保财产的，债务人不履行到期债务或者发生当事人约定的实现抵押权的情形，抵押权人有权在最高债权额限度内就该担保财产优先受偿。"（大前提：法律规定）在本案中，乙银行享有的抵押权是对于一定期间内将要连续发生的债权预先确定最高债权额限度而设定的。（小前提：案件事实）因此，乙银行享有的是最高额抵押权。（再说一遍结论）

(2) 有效。（结论先行）《民法典》第 504 条规定："法人的法定代表人或者非法人组织的负责人超越权限订立的合同，除相对人知道或者应当知道其超越权限外，该代表行为有效，订立的合同对法人或者非法人组织发生效力。"（大前提：法律规定）在本案中，汪某系甲公司的法定代表人，有权以公司名义签订借款合同，2000 万元借款合同在担保债权总额之内，故合同有效；4000 万元借款合同虽然超出甲公司股东会决议对汪某代表权的限制，但该限制系甲公司内部决议，不得对抗善意相对人乙银行。（小前提：案件事实）因此，汪某以甲公司的名义与乙银行签订的借款合同有效。（再说一遍结论）

(3) 享有。（结论先行）《民法典》第 407 条规定："抵押权不得与债权分离而单独转让或者作为其他债权的担保。债权转让的，担保该债权的抵押权一并转让，但是法律另有规定或者当事人另有约定的除外。"（大前提：法律规定）在本案中，乙银行享有的最高额抵押权所担保的债权已经确定；乙银行将债权转让给丙公司的行为有效；主债权转让的，担保该债权的抵押权一并转让。丙公司受让乙银行债权，乙银行对在建写字楼的抵押权时点为2018年12月2日，诉讼时效为3年，故期间终止权也一并转让给丙公司。（小前提：案件事实）因此，丙公司对在建写字楼享有抵押权。（再说一遍结论）

（4）2018年12月2日至2021年12月1日。（结论先行）《民法典》第188条第1款规定："向人民法院请求保护民事权利的诉讼时效期间为三年。法律另有规定的，依照其规定。"（大前提：法律规定）在本案中，抵押权人丙公司应当在主债权诉讼时效期间内行使抵押权，因期日计算从次日起算，故行使抵押权的期间起点为2018年12月2日，诉讼时效为3年。（小前提：案件事实）因此，期间终止时间为2021年12月1日。（再说一遍结论）

第四节　刻意练习

请考生在指定的答题横线上，按照前文所述的答题模式尝试作答下列问题。（注意时刻提醒自己，按照答题模式规范作答！）

1. 2015年10月某国有银行国际部主任甲利用主管业务便利，将本单位公款300万元借给张某公司使用。2016年4月甲被调离岗位。2016年11月该银行建立电子对账系统，甲和接替职务的乙为掩盖借300万元给他人使用的事实，制作了金额50万美元的虚假信用证材料。2016年11月，该银行发现信用证材料不全，询问乙，乙承认上述事实。该银行报案后，乙通过电话指引将甲抓获。甲到案后，交代全案。

请结合上述材料，回答下列问题并说明理由：

(1) 甲、乙行为构成何罪？

(2) 影响甲、乙刑事责任的因素有哪些？

2. 甲（男，19周岁）纠集乙（男，15周岁）、丙（男，17周岁）实施盗窃。在甲、乙破窗入室后，负责望风的丙因害怕而逃离现场。甲、乙窃得储物间的财物后共同进入卧室，乙发现女主人王某正在熟睡，遂对其实施强奸，乙得逞后甲也欲强奸王某，但因太紧张未能得逞。之后，二人携带财物逃离现场。

请结合上述材料，回答下列问题并说明理由：

（1）甲、乙、丙的行为应如何定罪？

（2）甲、乙、丙具备哪些法定量刑情节？

3. 2009年10月，甲被某市第一高中聘为会计。甲根据校长办公会的安排，将学校收取的学杂费存入以甲的名义开设的银行账户。2014年5月，校长乙虚构因公借款理由，指示甲从该账户中提取15万元现金。乙将这笔钱借给弟弟开茶楼。2014年12月，乙归还了15万元现金，甲遂用这笔钱为儿子购买住房，并虚列支出平账。2015年8月，审计机关审计时，甲向审计人员主动交代了上述事实，并退赔了15万元。

请结合上述材料，回答下列问题并说明理由：

（1）甲的犯罪行为应如何认定？

（2）乙的犯罪行为应如何认定？

（3）甲具有何种法定和酌定量刑情节？

4. 甲为偿还赌债，找到乙商定绑架他人勒索赎金。二人将赵某骗出，用电棍将赵某打晕，带至一隐蔽处，用绳索将其捆住。甲在赵某身上搜出银行卡，逼赵某说出银行卡密码，吩咐乙取出卡中的4万元。甲随后给赵某的母亲发短信，索要人民币200万元，并要求是旧钞。乙感觉事情不妥，便对甲说已弄到4万元了，赵母也不可能筹到200万元旧钞，不如放了赵某。甲不答应，并指使乙给赵母打电话索要赎金，乙只好照办。之后，乙骗甲说赵家已经报警，再次劝其放了赵某。甲便让乙放走赵某。

请结合上述材料，回答下列问题并说明理由：

(1) 甲、乙的绑架行为是犯罪未遂、中止，还是既遂？

(2) 甲、乙取出赵某卡中4万元的行为应如何定性？

(3) 对甲、乙应如何定罪处罚？

5. 甲、乙、丙共同出资设立了一家有限责任公司，分别任董事长、总经理和财务总监。

事实一：2010年年底，该公司因资金紧张面临经营危机。为此，甲、乙、丙专门就如何融资维持经营进行商议。依据商议，公司以丙伪造的虚假产权证明作担保，与一家银行签订借款合同，取得了500万元的贷款。2011年春节之后，公司将其中的400万元资金投入经营，但经营状况依然没有好转。

事实二：2011年5月，丙见公司经营状况难以好转，将剩余100万元资金提现后潜逃。该公司因缺乏经营资金而倒闭，银行因此无法追回500万元贷款的本息。

请结合上述材料，回答下列问题并说明理由：

（1）事实一所述行为构成何罪？

（2）事实二中丙携款潜逃的行为构成何罪？

6. 甲（15周岁）喜好计算机。乙（16周岁）在 A 商场任售货员，是甲的朋友。甲欲盗窃 A 商场计算机元器件，就到乙家密谋盗窃一事。乙开始不太同意，后在甲的鼓动下同意，并让甲准备充分点儿。次日晚上 12 点多，甲、乙撬开商场的门后，偷得价值 4 万余元的计算机元器件。在逃离现场时，乙为破坏现场，从柜台里拿出一个电炉插上，并在上面扔了一个纸箱子。在逃跑的路上，乙对甲说："我把电炉插上了。"甲未吱声，事后才知道插电炉是为了放火。当夜，该商场被火烧毁。

根据刑法理论和刑法知识分析甲、乙的行为性质及其处理，并说明理由。

7. 贾某，男，24岁，平日里好勇斗狠，崇尚暴力。2008年5月13日，贾某手头缺钱，便计划趁晚上夜深人静的时候从过路人手中抢一些首饰。当天晚上，刘某下班后回家，刚好经过贾某的"地盘"。贾某抡起手中的木棒向刘某的头上砸去，刘某当即昏倒。贾某把刘某身上的财物洗劫一空后便逃离现场。李某下班经过此地，看见有一人晕倒在地，头部还在流血。于是赶紧将刘某抱到公路旁边，并伸手去拦截过往的出租车。出租车司机杜某看见刘某头部都是血，怕沾上官司赶紧开车离开。出租车司机傅某停车后，李某将刘某抱上车，自己并未上车，也未付钱，并转身离去。傅某非常生气，但还是发动车辆向医院驶去。半途中傅某越想越生气，便将车开到偏僻的地方，并将刘某从车中抱出放在地上。第二天刘某被人发现时已经死亡。

请结合上述材料，回答下列问题并说明理由：

（1）贾某的行为构成何罪？为什么？

（2）李某的行为是否构成不作为的故意杀人罪？为什么？

（3）杜某的行为是否构成犯罪？为什么？

（4）傅某的行为构成何种行为的犯罪？为什么？

8. 盗窃犯丁多次去甲开的个体餐馆吃饭，彼此之间相处较好。2007年11月某日，丁在甲家对甲说："今天晚上我去城南一家商场拿点东西，到时先放你家，也给你一半。"甲表示同意，说："我家晚上大门虚关一扇，到时候你直接进来就行了。"次日凌晨3时许，丁与另一盗窃同伙把盗窃来的价值3万元的赃物带到甲家，此时甲的妻子乙正好也在，于是甲把情况告诉了妻子乙。在甲、乙二人的指引下，丁与另一盗窃同伙隐匿好赃物。两天后，盗窃犯丁被抓获，甲、乙闻讯后心中害怕，于是急忙找来朋友丙，请丙帮忙把赃物转移并低价卖掉，得利2万余元。后因知情人举报，为争取主动，甲、乙赶在公安机关传讯之前，主动到公安机关投案，但甲只供述了自己窝藏、销售赃物的事实，对丁的犯罪事实不予交代。乙则除供述自己的所有罪行外，还举报了丙和丁的犯罪事实。

请结合上述材料，回答下列问题并说明理由：

(1) 甲构成何罪？甲是否有自首情节？为什么？

(2) 乙构成何罪？乙有哪些量刑情节？为什么？

(3) 丙构成何罪？为什么？

9. 2000年以来，李某先后实施盗窃行为十余次。窃得自行车两辆、电脑一部和手机四部，价值5万元。2006年6月被公安机关拘留。李某在被拘留期间，出于悔罪，如实交代了盗窃行为，还交代了2004年4月10日夜间，伙同王某到某厂职工宿舍抢劫财物的罪行。经司法机关查证属实，依法将同案犯王某逮捕归案。王某对李某交代的罪行供认不讳，并交代，在劫得财物后，为了杀人灭口，王某还将被害人杀死，但此时李某劫得财物后已经离开。

请结合上述材料，回答下列问题并说明理由：

（1）李某和王某构成何种犯罪？二人是否构成共同犯罪？

（2）李某和王某有哪些刑法裁量情节？为什么？

（3）李某揭发与王某抢劫的行为是否构成立功？为什么？

10. 甲于某日 18 时驾驶出租车载客 2 人，途中与行人乙发生碰撞，乙经抢救无效于次日凌晨死亡。交通事故发生后，甲遂停车，走出汽车，在二三十米外遥望事故现场，未发现有人被撞倒，即驾车驶离现场，并于当晚更换撞碎的轿车挡风玻璃、左边大灯。交警部门在侦查过程中，认为甲有重大嫌疑，遂于隔日打电话通知甲在交警支队等候。当晚，经传唤讯问，甲交代了肇事经过。

请结合上述材料，回答下列问题并说明理由：

（1）甲的行为构成何罪？为什么？

（2）甲的行为是否属于交通肇事后逃逸？为什么？

（3）甲的行为是否构成自首？为什么？

11. 甲、乙系夫妻，2013年5月甲、乙签订离婚协议约定：3岁的孩子丙跟乙共同生活，甲婚前个人房产年底前过户给丙。同年6月，甲、乙办理离婚手续。2013年8月，甲向丁借款20万元做生意，9月甲与戊结婚，不久甲生意失败，无法偿还债务，2013年12月甲将离婚协议约定给丙的房产卖给他人并办理了过户手续。2014年1月甲携卖房款离家出走，至今下落不明。

请结合上述材料，回答下列问题并说明理由：

（1）2013年谁是丙的监护人？

（2）乙是否有权主张房屋买卖合同无效？

（3）若丁请求戊偿还债务，戊是否有义务偿还？

（4）谁有权申请宣告甲失踪？

12. 2014年6月27日,甲公司与乙公司签订《模具加工合同》,约定:甲公司委托乙公司加工3个模具,编号分别为模具1号、模具2号、模具3号,总价款100万元;乙公司应于2014年8月20日前交付模具;甲公司应在合同签订之日交付定金30万元,于模具交付之日起3个月内付清全部价款。合同签订当日,甲公司依约交付定金30万元。乙公司将3个模具加工完毕后,按照甲公司的通知,于2014年8月17日将1号模具、2号模具分别交付给甲公司下属的A公司、B公司。因甲公司在另一笔业务中尚欠乙公司30万元货款,乙公司留置了价值20万元的3号模具。

2014年9月17日,甲公司以乙公司未交付3号模具构成严重违约为由,通知乙公司解除合同。

请结合上述材料,回答下列问题并说明理由:

(1) 甲公司与乙公司签订的是何种有名合同?

(2) 定金条款效力如何?为什么?

(3) 乙公司是否可以行使留置权?为什么?

(4) 甲公司是否有权解除合同?为什么?

13. 2012年9月5日，陈某到野狼快递服务部寄一部价值5000元的手机，该服务部业务员宋某承接了此笔业务。宋某收到陈某的快递费后，在陈某填写的"飞狐速递运单"上签字确认。3天后，陈某得知其包裹被宋某卷走，遂要求野狼快递服务部承担违约责任。经查，该运单背面写有客户须知，载明"未保价的寄递包裹丢失或毁损的，不予赔偿"。陈某未办理保价；野狼快递服务部系飞狐速递公司所设的营业网点，对外以飞狐速递公司名义开展快递业务。

请结合上述材料，回答下列问题并说明理由：

（1）本案中当事人所签运单属于何种有名合同？

（2）"未保价的寄递包裹丢失或毁损的，不予赔偿"的条款效力如何？为什么？

（3）野狼快递服务部是否应当向陈某承担违约责任？为什么？

（4）假设陈某于2014年12月向人民法院起诉，请求宋某返还手机，宋某以超过诉讼时效为由拒绝返还，请问宋某的抗辩理由是否成立？

14. 2013年10月18日，甲公司与乙公司签订货物运输合同，双方约定：乙公司以公路运输方式运输甲公司的货物，合同有效期为1年。同年12月1日，甲公司与丙公司签订货物买卖合同，约定在12月10日前甲公司将货物运交丙公司。12月3日，甲公司将丙公司订购的货物交由乙公司运输，乙公司出具的货物托运单载明：托运人为甲公司，收货人为丙公司。

乙公司收到货物后，委托丁公司将货物运交给丙公司。丁公司将货物运到丙公司所在地后，以乙公司拖欠运费为由扣留货物。经查，乙公司拖欠丁公司运费一事属实。

请结合上述材料，回答下列问题并说明理由：

（1）丙公司是否有权要求丁公司交付货物？

（2）丁公司是否有权对货物行使留置权？

（3）甲公司是否有权要求丁公司承担赔偿责任？

（4）甲公司是否有权解除与乙公司之间的货物运输合同？

15. 2012年春节过后,甲外出打工,将一祖传瓷瓶交由邻居乙保管。乙因结婚用钱,谎称瓷瓶为自己所有,将其按照市价卖给了丙,得款1万元。2012年7月,乙见甲的房屋有倒塌危险,可能危及自己的房屋,遂以自己的名义请施工队加固甲的房屋。施工结束后,经结算需要支付工程款2万元。2012年年底甲回村,因瓷瓶处分和工程款支付问题与乙发生纠纷。

请结合上述材料,回答下列问题并说明理由:

(1) 丙能否取得瓷瓶的所有权?为什么?

(2) 乙出售瓷瓶是否属于侵权行为?为什么?

(3) 施工队应向谁请求支付工程款?为什么?

(4) 乙聘请施工队为甲加固房屋的行为是否构成无因管理?为什么?

16. 甲公司向 A 银行借款 1000 万元。乙公司受甲公司委托，与该银行签订保证合同，约定为甲公司的借款提供连带责任保证。为保障乙公司的追偿权，甲公司以自己的一处房产为乙公司提供抵押担保，双方签订抵押合同并办理了抵押登记。同时，丙公司受甲公司委托，与乙公司签订保证合同，约定"保证方式为连带责任保证，丙公司按照我国《民法典》第 687 条第 1 款的规定承担保证责任"。借款到期后，甲公司只偿还了部分借款，剩余部分由乙公司承担了保证责任。

请结合上述材料，回答下列问题并说明理由：

（1）本案涉及的相对法律关系有哪些？

（2）丙公司应按照何种保证方式承担保证责任？为什么？

（3）本案中有哪些反担保合同？

（4）乙公司承担保证责任后，为实现自己的追偿权，应先行使对甲公司房产的抵押权还是先要求丙公司承担保证责任？为什么？

17. 南某某是某中学学生，15岁。一天，在放学回家的路上，南某某看到商场正在进行有奖销售，每消费20元可领取奖券一张，最高奖金额为5000元，便买了一瓶价值为20元的洗发水，领到一张奖券。几天后，抽奖结果公布，南某某所持奖券中了最高奖，南某某非常高兴，将中奖的消息告诉了母亲萧某，母子二人马上去商场兑了奖，萧某把这5000元钱放到家里的箱子中。第二天，南某某与萧某发生争执，南某某一气之下便偷偷将柜子中的5000元钱拿出，到商场购物消气，其见到商场正在促销钻戒，便花了4800元买了一只钻戒。几天后，萧某要购买股票，想用箱中的钱，却发现箱中的钱已不见，于是质问南某某，南某某在质问之下说出真相。但南某某认为钱是自己中奖所得，自己有权决定买什么。萧某则认为南某某还小，钱应当由自己和南某某的父亲支配。于是马上拉着南某某到商场，说南某某购买钻戒未征得父母同意，要求退货。售货员说钻戒售出无法退货。

请结合上述材料，回答下列问题并说明理由：

（1）南某某购买洗发水的行为的法律效力如何？奖金究竟归谁所有？为什么？

（2）南某某购买钻戒的行为的法律效力如何？萧某能否要求退货？为什么？

（3）萧某是否有权将此笔钱用于购买股票？

（4）假设南某某没有告诉萧某，直接到商场领奖，商场能否以南某某是未成年人为由拒绝兑奖？为什么？

18. 王某系某商贸公司员工，曾长期任采购员，代表某商贸公司与乙家电生产厂家进行购销家电活动。某日，王某因严重违反公司的规章制度被某商贸公司开除。但是，某商贸公司并未收回给王某开出的仍然有效的介绍信和授权委托书。王某凭此介绍信以某商贸公司的名义又与乙家电生产厂家签订了10万元的家电购买合同，并约定在交货后1个月内付款。乙家电生产厂家在与王某签订合同时，并未得知王某已被开除一事。乙家电生产厂家在向王某交货1个月后，王某仍未付款，也不知其下落。乙家电生产厂家于是向某商贸公司要求支付10万元货款，某商贸公司以王某已被开除与其无关为由拒绝支付，双方发生争执。

请结合上述材料，回答下列问题并说明理由：

（1）王某的行为属于什么性质的行为？

（2）某商贸公司是否应承担支付货款的责任？

19. 李某和王某是同村农民，李某因家里盖房的需要，向王某提出欲收购其所有的三根木料。双方约定，李某以 600 元购买王某所有的三根木料。李某当场向王某支付了 300 元，并说明，等到第二天将余款 300 元带来付清，并将三根木料拉走。不料，天有不测风云，当天晚上山洪暴发，将存放于王某院内的三根木料冲走。第二天，李某带着 300 元到王某家中要求其交出木料，王某则说，昨天买卖已经成交了，而且你已经给了 300 元，木料已归你了。为此双方发生纠纷，李某诉至人民法院，要求王某交付木料。

请结合上述材料，回答下列问题并说明理由：

（1）本案中木料的所有权是否已经发生转移？

（2）本案中木料损失的风险应由谁负担？

20. 吴某和李某共有一套房屋，所有权登记在吴某名下。2月1日，法院判决吴某和李某离婚，并且判决房屋归李某所有，但是双方并未办理房屋所有权变更登记。3月1日，李某将该房屋出卖给张某，双方于当日签订了买卖合同，张某基于对判决书的信赖支付了50万元价款，并入住该房屋。4月1日，吴某又就该房屋和王某签订了买卖合同，王某在查阅了房屋登记簿确认房屋归吴某所有后，支付了50万元价款，并于5月10日办理了所有权变更登记手续。

请结合上述材料，回答下列问题并说明理由：

（1）李某自何时起取得该房屋的所有权？

（2）张某是否取得了该房屋的所有权？

（3）李某与张某之间的房屋买卖合同是否已经生效？

（4）5月10日，王某是否取得了该房屋的所有权？

第四章 ｜ 分析题的解题规范与刻意练习

第一节　题型特征

分析题只出现在综合卷，共 3 题，法理学 1 题，宪法学 1 题，法制史 1 题，法学和非法学均有，但分值不同。非法学中这 3 道题每题 10 分，共 30 分；法学中法理学和宪法学每题 15 分，法制史 20 分，共 50 分，设问数量比非法学要多，难度也大。总体来说，分析题较为灵活，贴近热点，难度较大，普遍得分不高。

第二节　高分思维

1. 法理学分析题答题公式：结论+法理学原理+结合材料分析。找准原理，注意要结合材料。同时，也会出现一些开放性题目，这种题目答案不唯一，无论采用什么观点，政治正确，言之成理即可，注意分点作答。

2. 宪法学分析题答题公式：结论+宪法规定或原理+结合材料分析。如果需要引用法条，不用具体写第几条，大概内容写出来即可。同时，也会出现一些开放性题目，这种题目答案不唯一，无论采用什么观点，政治正确，言之成理即可，注意分点作答。

3. 法制史分析题答题公式：本题的设问方式有：第一问，基础知识；第二问，翻译材料；第三问，评价。

（1）第一问：基础知识型题目。本题主要考查对教材基础知识的掌握，因此熟悉教材是答对本题的关键。命题方式有两种：a. 判断材料反映的是哪一种法律制度；b. 解释文献材料中的名词，包括含义、历史渊源等。只要熟悉教材基本可以得满分，较为简单。

（2）第二问：翻译材料型题目。第二问通常不会直白说"请翻译本段文献材料"，而是较为婉转地问"如何理解这段材料？""文献中规定了什么内容？""该制度如何运行？""违反这一规定应承担什么样的责任？"等等。此时，需要及时反应过来，命题老师只是让你翻译这段材料，看你能否大致读懂文献。不需要逐字翻译，只需要回答出大致意思即可。如果高中文言文没问题，得满分也不难。

（3）第三问：评价型题目。这一问的提问方式可能是直接问"如何评价这一制度"，也可能问某一制度的历史意义、影响、特点、立法目的，等等。大家答题最大的障碍在于缺少观点或素材。观点和素材的来源有四：首先，文献所涉制度在教材中的相关评价；其次，根据文献材料进行总结提炼；再次，文献所涉法制思想或特定历史时期的法制特点；最后，适当发挥、升华。

实在不行，还有万能评价套路：

（1）政治：维护封建君主专制制度的统治（核心），任何古代法律制度归根究底都是维护政治统治。

（2）经济：有利于促进封建（小农）经济发展或资本主义萌芽。

（3）文化与社会：有利于统治阶级思想（儒家思想）传播，体现恤刑思想，维护社会安定。

（4）法律与司法：立法技术高超，为后世提供了良好的范式，或起到承前启后的作用；有利于维护司法公正，减少冤假错案等。

4. 时间控制：每个分析题应当在 20 分钟左右做完。

第三节 例题详解

│例 1│（2021·非法学·综合卷） 某市公交公司驾驶员李某驾驶公交车正常行驶，途中，乘客刘某错过下车站点，要求立即下车，李某按照规定未予停车，刘某遂抢夺方向盘并殴打李某，二人在车辆行驶中持续互殴，其他乘客对此未予制止。后公交车失控坠入江中。

根据上述材料，运用法理学相关知识，回答以下问题：

（1）从守法内容的角度，评价李某和刘某的行为。

（2）阐述实现全民守法的主要方式。

【参考答案】

（1）本案中，李某的行为遵守了义务，属于守法行为；刘某的行为没有遵守义务，属于违法行为。（结论先行）

守法的内容包括履行法律义务和行使法律权利。第一，履行法律义务可分为两种不同的形式：① 履行消极的法律义务，指人们遵守法律规范中的禁止性规范，不作出一定的行为。② 履行积极的法律义务，指人们遵守法律规范中的命令性规范，作出一定的行为。第二，行使法律权利，即人们通过自己作出一定的行为或者要求他人作出或不作出一定的行为来保证自己的合法权利得以实现。依法行使权利才是守法。（引用法理学原理）

因此，李某的行为遵守了义务，属于守法行为；刘某的行为没有遵守义务，属于违法行为。（结合材料分析）

（2）实现全民守法的主要方式有：① 必须深入开展法治宣传教育，大力弘扬社会主义法治精神，努力建设社会主义法治文化，增强全社会厉行法治的积极性和主动性；② 必须依法抑恶扬善、严格执法司法，形成守法光荣、违法可耻的社会氛围；③ 必须发挥法治建设的强大效能，引导人民群众按照法律的规定和程序，依法表达利益诉求、依法维护自身权益；④ 必须完善国家工作人员学法用法制度，坚持把领导干部带头学法、模范守法作为树立法治意识的关键，充分发挥领导干部的带动效应，使全体人民都成为社会主义法治的忠实崇尚者、自觉遵守者、坚定捍卫者。(本题为开放性题目，言之有理，分点作答，使用法言法语即可，没有唯一答案)

| 例2 |（**2017 · 非法学 · 综合卷**） 2015 年新修订的《中华人民共和国食品安全法》第 62 条第 1 款规定：网络食品交易第三方平台提供者应当对入网食品经营者进行实名登记，明确其食品安全管理责任；依法应当取得许可证的，还应当审查其许可证。该法实施后，各地媒体仍然不断曝光网络外卖乱象。一些网络平台未能严格执行新规，无证餐厅成为外卖网站上的热销大户。

针对此现象，主要存在三种观点。观点一：外卖食品网站和外卖 APP 是新生事物，仍在不断发展，法律规定过于具体并不明智；观点二：虽然食品安全法对网络平台的监管义务有明确规定，但网络平台客观上无法做到对每个网络食品经营者进行实名登记和许可证查验，该法缺乏可行性；观点三：该规定本身是合理的，目前法律未能有效实施，主要原因是行政监管不到位，如果加大监管力度，该法还是能够发挥其应有作用的。

请运用法理学相关理论，回答下列问题：

（1）材料反映出法具有哪些局限性？

（2）三种观点中，你赞同哪一种，请说明理由。

【参考答案】

（1）材料中体现出的法的局限性有：① 法的滞后性。法有时会滞后于社会发展，法律的稳定性与社会发展的变动性之间往往存在矛盾。② 法律受制于人的因素。法制定后，需要人去遵守和执行，执法、司法和守法水平的高低直接影响法律作用的实现。③ 法律的实施受制于经济、政治和文化等多种因素。法律规定有时会与客观实际不符，法律主体难以实际遵守法律。（结论先行）

法的局限性有：① 法律具有保守的倾向，不能适时应变的弊端，会滞后于社会的发展。② 法律无法穷尽一切社会现象，因此会存在遗漏。③ 法律语言给适用带来标准难以统一的问题。④ 法律的实施受制于经济、政治和文化等多种因素。⑤ 执法、司法和守法要依靠"人"，而执法者、司法者及守法者的水平不确定。（引用法理学原理）

本题中，观点一认为"外卖食品网站和外卖 APP 是新生事物，仍在不断发展，法律规定过于具体并不明智"，表现出法具有滞后性且法律的实施受制于经济、政治和文化等多种因素。观点二与观点三表现出法律受制于人的因素。（结合材料分析）

（2）赞同观点一的理由：法具有稳定性、保守性，而现实生活中的问题却是具体的、千姿百态和不断变化的，法总是落后于现实生活的变化，而立法者认识能力上的局限性也会使法律存在某种不合理、不科学的地方。网络食品外卖是新兴社会现象，发展非常迅猛，法律如果规定得过细，可能会使法律的稳定性与网络食品外卖发展的快速性之间形成较大矛盾，影响法律效果的实现。

赞同观点二的理由：立法不科学将导致法律缺乏可行性，法律是治国之重器，良法是善治之前提。建设中国特色社会主义法治体系，必须坚持立法先行，发挥立法的引领和推动作用，抓住提高立法质量这个关键。提高立法质量，关键在于真正做到科学立法，这是保证"有法必依、执法必严、违法必究"的基础，立法不科学，将会给后续的执法、司法、守法等工作带来一系列问题。不符合现实实情、配套滞后或执行成本过高的法律，最终难以落实，变成一纸空文。网络平台客观上无法全面履行其义务，新修订的《食品安全法》的这一规定缺乏可行性，立法的科学性有待加强。

赞同观点三的理由："徒善不足以为政，徒法不能以自行。"即使是制定得很好的法律，也需要合适的人正确地执行和适用，才能真正发挥其作用。如果没有具备良好法律素质和职业道德的专业队伍，法律再好，其作用也是难以发挥的。执法机关执法力度不到位，执法人员执法活动不充分，法律效果必然不能实现。另外，法律的实施还需要绝大多数社会成员的支持，如果他们缺乏一定的法律意识，缺乏自觉遵守法律的思想道德风尚和习惯，法律也不可能有效地实施。

（赞同任何一种观点的理由，只要言之有理，即可得满分，赞同多种观点者，仅按第一种观点评分）

| 例3 | （2014·法学·综合卷） 自由是做法律所许可的一切事情的权利……在一个有法律的社会里，自由仅仅是：一个人能够做他应该做的事情，而不被强迫去做他不应该做的事情。

——孟德斯鸠：《论法的精神》（上）

自由意味着不受他人的束缚和强暴，而哪里没有法律，哪里就没有自由。

——洛克：《政府论》（下）

请结合上述材料，回答以下问题：

（1）除了材料中出现的自由价值外，现代法律还有哪些主要价值？

（2）什么是法律的自由价值？

（3）自由与法律的关系主要体现在哪些方面？

【参考答案】

（1）法律的主要价值还有秩序、效率、正义等。（结论先行）正义蕴含公平、公道、平等等价值内涵，是政治社会中各种价值体系所追求的最高目标。法律的秩序价值是其所具有的最基本的价值。有学者将秩序、正义和个人自由并列作为现代西方社会法律的三大基本价值。在秩序、正义和个人自由之间，秩序是最基础的法律价值，没有秩序就谈不上正义和个人自由。（引用法理学原理）

（2）自由是指从受到束缚的状态之中摆脱出来，或不受约束的状态。（结论先行）法学上的自由是指主体的行为与法律的既有规定相一致或相统一。法律的自由价值包含两方面内容：一是依法保护主体的意志自由；二是依法保护主体的行为自由。（引用法学原理）

（3）法律与自由具有密切的关系，具体体现在：① 自由是现代法律精神的基本内容，自由不仅仅表现为主体有在法律规定的范围内进行活动的权利，也表现为主体在法律规定之外不被强迫的权利。② 法律确认和保障自由。法律确认自由通常采用两种方式：一是以权利和义务规定来设定主体享有自由的范围。二是以权利和义务来设定主体自由的实现方式。法律保障自由的方式也是多样的：首先，法律通过划定国家权力本身的合理权限范围，明确规定公权力正当行使的程序，排除各种非法妨碍；其次，法律对每个主体享有的自由进行界定和限制，防止主体之间对各自自由的相互侵害；再次，法律禁止主体任意放弃自由；最后，法律为各种对主体自由的非法侵害确立救济手段与程序。

（本题言之有理，分点作答，使用法言法语即可，没有固定答案）

| 例 4 | （2021·法学·综合卷） 近年来，个人信息保护成为各国关注的焦点。2018 年 5 月，欧盟《通用数据保护条例》生效。该条例要求，数据控制者和数据处理者对个人数据的收集和使用必须征得个人同意。2018 年 6 月，美国最高法院在卡朋特诉美国政府一案中判决，行踪信息属于人民的隐私权，除非基于正当理由，政府不得获得公民的该类信息。2020 年 5 月，我国《民法典》设专章对行踪信息等个人信息进行保护。2020 年 10 月，全国人大常委会公布《个人信息保护法（草案）》向社会公开征求意见。

请结合上述材料，根据宪法学理论和实践，回答下列问题：

（1）政府对个人行踪信息的获取涉及哪些公民基本权利？

（2）政府获取个人行踪信息应当符合哪些基本权利限制原则？

（3）公民信息保护的趋势和方式是什么？

【参考答案】

（1）政府对个人行踪信息的获取主要涉及广义层面人身自由中的人格尊严不受侵犯、通信自由和通信秘密受法律保护。（结论先行）

① 我国《宪法》第38条规定，公民的人格尊严不受侵犯。禁止采用任何方法对公民进行侮辱、诽谤和诬告陷害。（宪法规定）材料中，各国对个人信息的保护进行立法，规制政府对个人信息的采集，体现了对公民人格尊严特别是隐私权的尊重与保护。（结合材料分析）

② 通信自由是指公民根据自己的意愿自由进行通信而不受他人干涉。通信秘密是指公民通信的内容受国家法律保护，任何人不得非法私拆、毁弃、偷阅他人的信件。公民的通信包括书信、电话、电报等。（宪法规定）材料中，政府对个人行踪信息的获取，明显涉及公民的通信自由和通信秘密。（结合材料分析）

（2）政府对个人行踪信息的获取应当符合两项基本权利限制原则：

其一，明确性原则。（结论先行）对公民基本权利所作的限制，必须内容明确，可以成为公民行动的合理预期。（宪法原理）

其二，比例原则。（结论先行）比例原则要求为公共利益而限制公民基本权利的时候，必须要在手段和目的之间进行利益衡量。限制基本权利的目的必须具有宪法正当性。它包括三个方面的内容：① 手段适合性，所采用手段必须适合目的之达成；② 限制最小化，立法所采取的是对基本权利影响、限制最小的手段；③ 狭义比例原则，要求手段达成的公共目的与造成的损害之间具有适当的比例关系，即均衡法。（宪法原理）

（本题设问与材料直接关系不大，故不用结合材料分析）

(3) ① 公民信息保护的趋势：加强对个人信息的法律保障，所保护的信息更加广泛、全面；明确个人信息处理中的权利、义务及相应的责任；细化对公民信息保护的具体方式，提高对公民信息保护的切实可操作性；强化公民信息侵权责任。

② 公民信息保护的方式：a. 直接保护和间接保护相结合，通过颁布"个人信息保护法"对个人信息进行直接保护，另外，也需要其他的法律规范配合进行间接保护。除法律规定的情形外，收集、使用个人信息应当向个人告知并取得同意，并要求个人信息处理者采取必要的安全保护措施，保护个人信息安全。b. 民法保护、行政法保护与刑法保护相结合，对公民信息予以不同层次的保护。

（本题为开放性题目，言之有理，分点作答，使用法言法语即可，没有唯一答案）

| 例5 |（2018·非法学·综合卷） 某村地处城郊，在城市化进程中，该村大部分土地被征收。村委会未经村民讨论同意，确定了征地补偿费的使用分配方案，引起村民强烈不满。镇政府获悉后，决定撤销村委会主任职务，委派工作小组接管相关事务。

请结合上述材料，根据现行宪法和法律，回答下列问题：

(1) 镇政府撤销村委会主任职务的做法是否合法？为什么？

(2) 村民如认为村委会确定的征地补偿费使用分配方案侵犯了他们的合法权益，可以依法采取哪些措施撤销该方案？

【参考答案】

(1) 不合法。（结论先行）《村民委员会组织法》第11条第1款规定：村委会主任、副主任和委员，由村民直接选举产生。任何组织或者个人不得指定、委派或者撤换村委会成员。据此，村委会是基层群众性自治组织，镇政府对村委会的工作给予指导、支持和帮助，但不得干预依法属于村民自治范围内的事项。《村民委员会组织法》第16条第1款规定：本村五分之一以上有选举权的村民联名，可以提出罢免村委会成员的要求。（宪法规定）本题中，镇政府无权撤销村委会主任职务，其撤销村委会主任职务的做法是不合法的。（结合材料分析）

(2) 村民可以提请村民会议或村民代表会议撤销该方案。受侵害的村民也可以向法院申请撤销该方案。（结论先行）《村民委员会组织法》第36条第1款规定：村委会或者村委会成员作出的决定侵害村民合法权益的，受侵害的村民可以申请人民法院予以撤销，责任人依法承担法律责任。《村民委员会组织法》第23条规定：村民会议有权撤销或者变更村委会不适当的决定；有权撤销或者变更村民代表会议不适当的决定；可以授权村民代表会议撤销或者变更村委会不适当的决定。（宪法规定）因此，村民可以提请村民会议或村民代表会议撤销该方案。受侵害的村民也可以向法院申请撤销该方案。（结合材料分析）

|例6|（2013·法学·综合卷）2011年10月中旬，某市香湖区举行人民代表大会代表换届选举。该区某高校作为一个选区公布了7260人的选民名单。该选区居民甲曾因刑事犯罪被剥夺政治权利2年，至2011年9月23日期满。甲在选民名单中没有找到自己的名字。11月15日，该选区共有3630人参加了投票。在投票过程中，教师乙接受了另外4名教师选民的委托代为投票。选举委员会最终确认并宣布丙以3203张选票当选人大代表。

请结合我国宪法和选举法相关规定，指出本次选举中的不合法之处，并说明理由。

【参考答案】

(1) 甲未被列入选民名单的做法是不合法的。（结论先行）根据《宪法》的规定，我国公民凡年满18周岁，未被剥夺政治权利的，都有选举权和被选举权。（宪法规定）在公布选民名单前，甲被剥夺政治权利的期限已满，依法应享有选举权，有权参加本次选举。（结合材料分析）

(2) 乙接受4名教师的委托代为投票的行为是不合法的。（结论先行）根据

《全国人民代表大会和地方各级人民代表大会选举法》的规定，选民可以书面委托其他选民代为投票，每一选民接受的委托不得超过3人。（宪法规定）在本题中，乙接受4名教师的委托代为投票的行为是不合法的。（结合材料分析）

（3）选举委员会确认丙在本次选举中当选是不合法的。（结论先行）根据《全国人民代表大会和地方各级人民代表大会选举法》的规定，在选民直接选举人民代表大会代表时，选区全体选民的过半数参加投票，选举有效。代表候选人获得参加投票的选民过半数的选票时，始得当选。（宪法规定）本题中，该选区共有选民7260人，实际参加投票的选民为3630人，未超过全体选民的半数，故本次选举当属无效。尽管丙获得参加投票的选民过半数的选票，但因本次选举无效，所以选举委员会不应确认丙的当选。（结合材料分析）

| 例 7 |（2021·非法学·综合卷）诸捕罪人而罪人持杖拒捍，其捕者格杀之及走逐而杀，若迫窘而自杀者，皆勿论。即空手拒捍而杀者，徒二年。已就拘执及不拒捍而杀，折伤之，各以斗杀伤论；用刃者，从故杀伤法；罪人本犯应死而杀者，加役流。

——《唐律疏议·捕亡》

请运用中国法制史的知识和理论，分析上述材料并回答下列问题：

（1）缉捕罪人而致罪人死亡不负刑事责任的情形有哪些？

（2）缉捕罪人而致罪人死亡应负刑事责任的情形有哪些？

（3）上述规定的立法目的是什么？

【参考答案】

（1）罪人拿器械抵抗，缉捕人予以击杀；罪人逃跑，缉捕人追逐将罪人杀死；罪人迫于绝望而自杀。（翻译材料型题目，直接翻译即可）

（2）杀死空手拒捕的罪人；空手或者使用金属利器杀死或打伤已被拘捕的罪人或者不抵抗的罪人；杀死已经被拘捕或者不抵抗的本来就犯死罪的罪人。

(翻译材料型题目，直接翻译即可)

(3) 本条法律既规定了缉捕人合法杀伤罪人的情形，也规定了违法杀伤罪人的情形，兼顾了缉捕人和罪人权益的保护，立法目的在于保障缉捕人的工作能够顺利执行，同时注重罪人生命安全的保障，维护了司法公正，维护了封建统治以及社会秩序的安定。(立法目的可以等同为评价型题目，从司法角度、人权角度、政治角度、社会角度等套路性角度回答，言之成理即可)

|例8|（2019·非法学·综合卷） 诸老废笃疾，事须争讼，止令同居亲属深知本末者代之。若谋反大逆，子孙不孝，为同居所侵侮，必须自陈者听。诸致仕得代官，不得已与齐民讼，许其亲属家人代诉，所司毋侵挠之。诸妇人辄代男子告辨争讼者，禁之。若亲寡居，及虽有子男，为他故所妨，事须争讼者，不在禁例。

——《元史·刑法志》

运用中国法制史的知识和理论，分析上述文字并回答下列问题：

（1）元朝诉讼代理适用的一般情形有哪些？

（2）元朝禁止哪些人代理诉讼？有何例外？

（3）如何评价元朝诉讼代理制度？

【参考答案】

（1）诉讼代理制度适用两种人，一种是年老、疾病或行动不便者；另一种是退休或者暂时离任的官员。(翻译材料型题目，直接翻译即可)

（2）除谋反大逆等刑事案件，或必须由当事人自诉的子孙不孝等家庭案件之外的普通案件，老人和残疾人只能让熟悉案情的同居男性亲属代告；妇女丧夫且其儿子因不可抗力无法参与诉讼时，方可代理出庭诉讼。(翻译材料型题目，直接翻译即可)

（3）元朝法律规定，官员以及年老、疾患者的亲人、家属可在特定的家事诉讼中代理出庭诉讼。此立法的原意在于维护官民等级制度，但也有体恤弱者的一面，有一定的进步意义。元朝诉讼代理制度在促进诉讼的民主化以及使争议得到公正和有效率地解决方面发挥了重要作用。（评价型题目，从立法目的、诉讼制度的作用等方面来作答，言之成理即可）

|例9|（2019·法学·综合卷） 凡律令该载不尽事理，若断罪而无正条者，引律比附。应加应减，定拟罪名，转达刑部，议定奏闻。若辄断决，致罪有出入者，以故失论。

——《大明律》卷第一"断罪无正条"

请结合以上材料，根据中国法制史的知识和理论，回答下列问题：

（1）何为"比附"？其适用条件是什么？

（2）适用比附应遵守何种程序规定？

（3）司法官违反比附规定可能导致的法律责任是什么？

（4）明律关于比附立法的意义何在？

【参考答案】

（1）比附是指在法律没有明文规定的情况下，司法官员可比照最类似的律文定罪处罚。其适用条件是：律令无明文规定，而行为又有明显的社会危害性，应当以犯罪论处。（基础知识型题目，直接答出概念和条件即可）

（2）初审官员根据比附原则定罪量刑，上呈转达刑部，由刑部议定后，上奏皇帝决定。（翻译材料型题目，直接翻译作答即可）

（3）司法官员违反比附原则，随意裁判，出入人罪的，区分故意和过失，分别追究刑事责任。（翻译材料型题目，直接翻译作答即可）

（4）比附作为一种法律适用的方法或技术，是中国古代法律传统之一。《大明律》于"断罪无正条"下确定比附制度，有利于缓解律条内容过于抽象的矛盾，不足以概括所有社会行为导致的律文僵化之弊，增强律文的适应性。立法严格限定比附的适用条件，旨在防止司法官员擅断，也适应了皇帝控制司法权的需要。(评价型题目，从比附对司法、皇权集中的意义等方面作答)

第四节 刻意练习

请考生在指定的答题横线上，按照前文所述的答题模式尝试作答下列问题。
(注意时刻提醒自己，按照答题模式规范作答！)

1. 2020 年 5 月 28 日，全国人民代表大会通过《中华人民共和国民法典》，该法第 8 条规定："民事主体从事民事活动，不得违反法律，不得违背公序良俗。"第 10 条规定："处理民事纠纷，应当依照法律；法律没有规定的，可以适用习惯，但是不得违背公序良俗。"

请结合上述材料，运用法理学相关知识，回答以下问题：

(1) 什么是公序良俗？什么是习惯？

(2) 习惯作为处理民事纠纷的依据需满足哪些条件？

2. 大学生小吴参加了一次普法宣传,当有群众问他什么是"立法"时,小吴解释说:"在我国,立法就是国家机关根据各自的需要创制新的法律文件的活动。"

请结合法理学关于法的制定的知识和原理,对小吴的上述解释进行分析。

3. 某基金公司总经理李某涉嫌内幕交易罪，Y省S市人民检察院依照《刑事诉讼法》第176条的规定提起公诉，S市中级人民法院依照《刑事诉讼法》第24条的规定对该案进行了审理。法院认为：李某犯内幕交易罪，涉案金额11.2亿元，非法所得1832万元，情节严重；依照《刑法》第180条的规定，应处5年以下有期徒刑或者拘役；案发后，李某主动到公安机关投案，如实交代自己的罪行，有自首情节，可以从轻处罚。S市中级人民法院判处李某有期徒刑3年，缓期5年执行。S市人民检察院认为：李某涉案金额特别巨大，犯罪情节特别严重，依照《刑法》第180条的规定应处5年以上10年以下有期徒刑；一审法院适用法律不当、量刑过轻。S市人民检察院依照《刑事诉讼法》第228条的规定提出抗诉。Y省高级人民法院依照《刑事诉讼法》第234条的规定启动二审程序，最终对一审判决予以改判。

请运用法理学的相关知识，回答下列问题：

（1）上述材料中，哪些司法活动体现了对于程序公正的追求？

（2）上述材料中，哪些司法活动体现了对于实体公正的追求？

（3）结合材料，分析司法活动中为何要兼顾实体公正和程序公正。

4. 2014 年，在外地打工的王某接到家中求助电话，遂到 ATM 机取款，遇机器故障，乘机多取走 9 万元。案发。法院经审理认为，王某的行为构成盗窃罪，但可对王某从轻处罚。该案数万字的判决书在网上公开，判决书的主要论证理由有：被告人主观恶性较轻；非法获取钱财的方式较平和；其行为的社会危害性较小；被告人家庭生活困苦，案发自首后，能及时归还全部所盗款项。王某对社会管理秩序心存畏惧，其案发后的行为说明他仍心存良知。因此，法院依法对王某判处有期徒刑 3 年，缓刑 3 年。大部分网友认为该判决书辨法析理，判决结果合情、合理、合法。

运用法理学有关理论，分析本案的法律论证是否具有正当性，为什么？

5. 1993年2月，七届全国人大常委会接受中共中央提出的修宪建议，形成宪法修正案（草案），提请八届全国人大一次会议审议。1993年3月，八届全国人大一次会议期间，2383名全国人大代表签名，以代表提案的方式向会议主席团提出"关于修改宪法部分内容的议案"。会议主席团将七届全国人大常委会的宪法修正案（草案）和该"代表修宪议案"合并成一份宪法修改案，交付大会表决。1993年3月29日，八届全国人大一次会议通过了《中华人民共和国宪法修正案》第3条至第11条。

请根据我国现行宪法及法律，结合上述材料，回答下列问题：

（1）有权向全国人大提议修改宪法的主体有哪些？

（2）全国人大表决宪法修改案与法律案，在通过程序上有何区别？

（3）我国修宪实践中，对宪法的部分修改采用过哪些方式？

6. 在审理王某诉李某债务纠纷案件中，某市中级人民法院依据最高人民法院《关于适用〈中华人民共和国婚姻法〉若干问题的解释（二）》第24条关于夫妻共同债务认定的规定，作出了终审判决。当事人李某认为，该规定同法律相抵触，向全国人大常委会书面提出了审查建议。

请结合上述材料，根据我国宪法和法律，回答下列问题：

（1）最高人民法院作出司法解释的权限范围和原则是什么？

（2）李某向全国人大常委会书面提出审查建议的法律依据是什么？

（3）全国人大常委会收到李某的审查建议后，应如何处理？

7. 某市著名民营企业家、全国人大代表李某，在全国人大代表小组讨论会上，论及政府有关民营经济的一些政策和管理措施时，对其所在市领导的某些做法大加批评，言辞颇为激烈。该市领导获悉后极为不满，并安排其秘书对李某的通讯往来密切监控。1个月后，该市公安机关以涉嫌诽谤罪，宣布将李某逮捕。

请结合宪法学知识，分析李某的哪些权利受到侵犯，并说明依据。

8. 某乡政府通知所辖村村委会，要求村委会向每户村民收取 500 元用于修建村文化活动中心，村民认为修建文化活动中心的决定没有通过他们讨论同意，不愿交款。村委会告知村民，如不按期交款，就不发放防洪工程补助款。村民对此强烈不满，欲罢免村委会成员。

请结合以上材料，根据现行宪法和法律回答下列问题：

（1）乡政府要求村委会向村民收费的做法是否合法，为什么？

（2）村民欲罢免村委会成员，需经过何种程序？

（3）谈谈如何完善农村基层群众自治制度。

9. 为加强城市交通管理,某设区的市的人大常委会出台了《城市交通安全管理条例》。该条例规定,出行高峰禁止外地电动车行驶,如违反,将扣押电动车并托运回原籍,外地来该城市务工人员张某认为该规定同宪法法律相抵触,向全国人大常委会提出审查建议。

请结合上述材料,根据我国宪法和法律,回答下列问题:

(1) 该条例公布后,应如何备案?

(2) 全国人大常委会收到张某的审查建议后,应如何处理?

10.（贞观）五年，河内人李好德坐妖言下狱，大理丞张蕴古以为好德病狂瞀，法不当坐。治书侍御史权万纪劾蕴古相州人，好德兄厚德方为相州刺史，故蕴古奏不以实。太宗怒，遽斩蕴古，既而大悔，诏"死刑虽令即决，皆三覆（复）奏。"久之，谓群臣曰："死者不可复生。决囚虽三覆奏，而顷刻之间，何暇思虑？自今宜二日五覆奏……"

——《新唐书·刑法志》

请结合上述材料，运用中国法制史相关知识，回答以下问题：

（1）唐太宗实行死刑三复奏、五复奏的原因是什么？

（2）死刑复奏制度的历史渊源是什么？

（3）确立死刑复奏制度的意义何在？

11. 诸违令者，笞五十；谓令有禁制而律无罪名者。别式，减一等。

【疏】议曰"令有禁制"，谓《仪制令》"行路，贱避贵，去避来"之类，此是"令有禁制，律无罪名"，违者，得笞五十。"别式，减一等"，谓《礼部式》"五品以上服紫，六品以下服朱"之类，违式文而著服色者，笞四十，是名"别式，减一等"。物仍没官。

——《唐律疏议·杂律》

请结合上述材料，运用中国法制史相关知识，回答以下问题：

（1）材料中律文的主要规定是什么？

（2）律文与疏议之间是何关系？

（3）唐代的律、令、式三者是何关系？

12. 民间户婚、田土、斗殴相争，一切小事，不准辄便告官，务要经由本管里甲、老人理断。若不经由者，不问虚实，先将告人杖断六十，仍发回里甲、老人理断。

——（明）朱元璋：《教民榜文》

请根据上述材料，运用中国法制史的知识，回答以下问题：

（1）明初处理民间词讼的诉前程序是什么？

（2）若违反这些程序，当如何处理？

（3）明初设定此种程序的意义何在？

13. 苏州民张朝之从兄以枪戳死朝父，逃去，朝执而杀之。审刑、大理当朝十恶不睦，罪死。案既上，参知政事王安石言："朝父为从兄所杀，而朝报杀之，罪止加役流，会赦，应原。"帝从安石议，特释朝不问。

——《宋史》卷二百一《刑法三》

请根据上述史料，运用中国法制史的知识，回答以下问题：

（1）案犯张朝为什么被审刑院和大理寺判处十恶中的不睦罪？

（2）十恶罪刑罚适用的特点是什么？

（3）张朝为什么最终被免除刑事责任？

14. 材料一：

取妻如之何？必告父母。(《诗·齐风·南山》)

取妻如何？匪媒不得。(《诗·豳风·伐柯》)

昏（婚）礼者，合二姓之好，上以事宗庙，而下以继后世也，故君子重之。是以昏礼，纳采、问名、纳吉、纳征、请期，皆主人筵几于庙，而拜迎于门外，入，揖让而升，听命于庙，所以敬慎重正昏礼也。(《礼记·昏义》)

取妻不取同姓，故买妾不知其姓则卜之。(《礼记·曲礼》)

材料二：

妇有七去：不顺父母去，无子去，淫去，妒去，有恶疾去，多言去，窃盗去……妇有三不去：有所取无所归，不去；与更三年丧，不去；前贫贱后富贵，不去。(《大戴礼记·本命》)

请运用中国法制史的知识和理论，分析上述材料并回答下列问题：

（1）根据材料一，概括西周婚姻成立的条件。

（2）材料二中"七去三不去"的离婚原则是如何体现宗法伦理精神的？

（3）西周婚姻制度对于后世婚姻立法有什么影响？

第五章 论述题的解题规范与刻意练习

第一节 题型特征

论述题是法律硕士联考专业课考试中难度最大的题型,要求字数多,得分率低,得满分基本不可能。每题满分15分,能得11～12分已经是高手,所以我们不要太追求完美,能拿11～12分已经足够。

法律硕士联考(法学)中民法学、刑法学、法理学、宪法学均有一道论述题,每题15分,共60分;而法律硕士联考(非法学)中民法学、刑法学无论述题,在综合卷中有两道题,一道是法理学论述题,另一道是法理学与其他学科(宪法学或法制史)相结合的论述题,每题15分,共30分。因此法律硕士联考(非法学)无需作民法学、刑法学的论述题训练。

第二节 高分思维

1. 论述题的形式要求:记住三个要点:第一,论述题字数至少在600字以上,字太少分数肯定低,一般以800～1000字为佳。第二,一定要分自然段,至少分3段,以3～5段为宜。段内可以分点,用序号(1)、(2)、(3)明确将自己的要点写出来,要点一定要清晰明确。第三,字迹一定要清晰、美观,版面不凌乱。

2. 论述题的实质要求：论述题一般没有所谓的"标准答案"，但不意味着可以胡乱写，要在教材所提及的基础知识基础上适当、有逻辑地扩展才是得高分之道。所谓"论述"，我们答题时应当先"述"再"论"。

"述"，就是把教材所提及的基本概念、特征、内容等先表述出来（让老师知道你是有认真看书的）。

"论"，就是对题目涉及的理论或制度进行评价（让老师知道你不是死读书的，是有自己的适当想法的，这也是论述题得高分的关键），一般可以从意义、作用、功能以及在实践中应当如何运用、改善等方面进行评价，逻辑自洽、言之成理即可。

第三节　例题详解

| 例 1 | （2020·法学·基础卷）试论刑法数罪并罚中的限制加重原则。

【参考答案】

【述】（限制加重原则的概念、适用原则、具体规则）

限制加重原则，亦称限制并科原则，是指以一人所犯数罪中法定（应当判处）或已判处的最重刑罚为基础，再在一定限度之内对其予以加重作为执行刑罚的合并处罚规则。

限制加重原则的适用原则为：除判处死刑和无期徒刑的以外，应当在总和刑期以下、数刑中最高刑期以上，酌情决定执行的刑期，但是管制最高不能超过3年，拘役最高不能超过1年，有期徒刑总和刑期不满35年的，最高不能超过20年，总和刑期在35年以上的，最高不能超过25年。

根据《刑法》第69条的规定，适用限制加重原则的具体规则为：① 判决宣告的数个主刑均为有期徒刑的,应当在总和刑期以下、数刑中最高刑期以上,酌情决定执行的刑期;有期徒刑总和刑期不满35年的,最高不能超过20年,总和刑期在35年以上的,最高不能超过25年。②判决宣告的数个主刑均为拘役的,应当在总和刑期以下、数刑中最高刑期以上,酌情决定执行的刑期,但是最高不能超过1年。③判决宣告的数个主刑均为管制的,应当在总和刑期以下、数刑中最高刑期以上,酌情决定执行的刑期,但是最高不能超过3年。④数罪中有判处附加刑的,附加刑仍须执行,附加刑种类相同的,合并执行,种类不同的,分别执行。

【论】(限制加重原则的意义、局限性)

限制加重原则克服了并科原则和吸收原则或失之于严酷而不便具体适用,或失之于宽纵而不足以惩罚犯罪的弊端,既使数罪并罚制度贯彻了有罪必罚和罪责刑相适应的原则,又采取了较为灵活、合乎情理的合并处罚方式。故其确为数罪并罚原则的一大进步,但该原则并非完美无缺,仍具有一定的局限性。它虽然可以有效地适用于有期自由刑等刑种的合并处罚,却对死刑、无期徒刑根本无法适用,因而当然不能作为普遍适用于各种刑罚的并罚原则,否则便会产生以偏概全之弊。

| 例2 | (2019·法学·基础卷)试论我国刑法理论中判断犯罪既遂的不同学说。

【参考答案】

【述】(犯罪既遂的概念、结果说、目的说、构成要件齐备说)

犯罪既遂,指犯罪人的行为完整地实现了刑法分则条文所规定的全部犯罪构成的事实。例如,张三要杀李四且将李四杀死,就完全实现了"故意杀人且已将人杀死"这一法定犯罪构成事实,把张三杀人的事实与法定的故意杀人罪的犯罪构成"对号入座",就应判定张三故意杀人罪既遂,直接按照所触犯法条(第232条故意杀人罪)规定的法定刑处罚。犯罪既遂既是刑法分则规定的某种犯罪构成的完成形态,也是依照分则条文规定的法定刑(法律后果)进行处罚的标准形态。

理论上关于犯罪既遂的判断标准不一，有如下观点：① 结果说，认为犯罪既遂是指故意犯罪的实行行为造成了刑法规定的犯罪结果。据此，故意犯罪的实行行为没有造成刑法规定的犯罪结果的，属于犯罪未遂。② 目的说，认为犯罪既遂是指故意犯罪的实行行为达到了行为人的犯罪目的。据此，故意犯罪的实行行为没有达到行为人犯罪目的的，属于犯罪未遂。③ 构成要件齐备说，认为犯罪既遂是指犯罪行为完全具备了基本犯罪构成要件的情况。据此，犯罪行为没有完全具备基本犯罪构成要件的，属于犯罪未遂。通说采取构成要件齐备说。

【论】（为什么构成要件齐备说更合理以及其他学说的局限性）

刑法对犯罪预备、犯罪中止、犯罪未遂这几种犯罪形态的成立标准都有明确的规定，唯独没有明确规定犯罪既遂形态的成立标准，因此我国刑法理论界一直存在争论。我国刑法理论界关于犯罪既遂的标准有很多学说，以上三种是有代表性的学说。这三种学说都有一定的不足，但也有其合理之处。

我认为"构成要件齐备说"与上述两种学说相比，具有更明显的合理性。第一，它相对于其他学说更具有优越性，目的说中目的的主观性、任意性、层次性和结果说中发生预期结果的主观性、法定结果的不全面性，都具有很强的局限性，不能得到普遍应用。第二，刑法分则规定的犯罪的构成要件形形色色，而不是仅仅以一定的目的或者结果作为构成要件，所以这两种学说不能涵盖各种犯罪领域，而"构成要件齐备说"构建了一种具有普遍适用性、能适用于各种故意犯罪形态的既遂标准理论。构成要件将犯罪类型化，区分了应受处罚与不受处罚的行为，行为人实施符合构成要件的行为将受到刑罚处罚，保障了行为不符合构成要件的犯罪人不受不当的追究。"构成要件齐备说"不仅统一了犯罪既遂的认定标准，同时将对犯罪既遂的判断放到具体的犯罪构成中去，严格遵照法律的规定进行判断，体现了罪刑法定原则的要求，有利于保障人权。

|例3| (2018·法学·基础卷)试论我国民法中绿色原则的功能。

【参考答案】

【述】(绿色原则的概念、地位、功能)

《民法典》第9条规定:民事主体从事民事活动,应当有利于节约资源、保护生态环境。绿色原则,是指民事主体的民事活动应当符合资源的有效利用和环境保护的要求。绿色原则是代际正义的要求,当代社会经济的发展不能牺牲未来的社会资源和环境。绿色原则也是社会可持续发展的要求,对民事活动中民事责任承担的利益考量应当符合绿色原则,如在环境侵权等特殊侵权构成中应基于绿色原则来确定其特殊的构成要件。

《民法典》第9条规定的绿色原则也是倡导性的,倡导民事主体的民事活动应有利于节约资源、保护生态环境。民事主体应当选择低能耗、对环境友好的生产、生活方式,以实现节约资源、保护环境、绿色发展的理念。

绿色原则又称生态保护原则,是我国《民法典》所确立的民法基本原则之一,其功能主要有三项:① 指导功能,绿色原则对民事立法、民事活动和民事司法均有指导意义;② 约束功能,绿色原则对民事立法、民事活动和民事司法均有约束力,如绿色原则要求民事主体在进行民事活动时,应当有利于节约资源和保护生态环境,在追求个人利益的同时,应当兼顾社会环境公益;③ 补充功能,法官在审理案件时,若无具体规范可适用,可依据绿色原则寻求立法本意或法律价值取向,通过目的解释,裁判具体案件。

【论】(绿色原则的进步意义)

绿色原则不仅是民法典回应环境问题挑战的一个鲜明标志,也是中国制定面向生态文明新世纪的民法典的应有态度。绿色原则的确立,在民法典中引入可持续发展理念,承认环境资源的生态价值、人格利益属性,确立特殊侵权行为规则,为建立专门的环境资源准物权制度、环境合同制度、环境人格权制度以及环境侵权行为制度留下了空间。同时，提供对传统权利进行有利于环境保护解释的一般性条款，为民法和专门环境法建立了沟通与协调的基础与管道。其实质是顺应21世纪信息化、大数据、高科技、知识经济的发展要求，适应经济全球化、资源环境逐渐恶化以及风险社会的时代特征，回应当前人民群众对清新空气、干净饮水、安全食品、优质环境的迫切需求，实践绿色发展理念，促进生态文明建设，促进人与自然共处，实现现代公平。

| 例4 |（2016·法学·基础卷）试论我国物权法的公示、公信原则。

【参考答案】

【述】（公示、公信原则的概念、地位）

公示原则，是指物权变动时，必须将物权变动的事实通过一定的方法向社会公开，使第三人知道物权变动的情况。不动产物权变动的公示方法为登记，动产物权变动的公示方法为交付。基于民事法律行为发生的物权变动，非经公示不发生物权变动的效果或不产生对抗善意第三人的效力。物权存在的公示为物权的静态公示。按各国物权法的规定，"占有"是动产物权存在的公示方式，国家不动产物权登记簿上所作的"登记"记载是不动产物权存在的公示方式。物权变动的公示，为物权的动态公示。按各国物权法的规定，"交付"是动产物权变动的公示方式，变更"登记"是不动产物权变动的公示方式。

公信原则，是指物权变动时当事人依据法律进行了公示，即使公示所表示的物权状态与真实的物权状态不相符，也不影响物权变动的效力。公信原则包括两方面内容：① 权利的正确性推定效力；② 善意保护效力。物权法规定的善意取得制度体现了公信原则。善意取得制度的产生正是由于现实生活中存在权利外观与实际情况不一致的情形，如果交易当事人信赖该权利外观而从事交易，之后因为权利外观与实际情况不符而导致交易失败，必然会损害交易的安全和效率。因此，在物权变动频繁的现代社会，保护基于物权公示而产生的信赖对于维护交易安全、提高交易效率十分必要。依公信原则，物权变动经公示即发生法律效力，即使公示所表示的物权状态与真实的物权状态不相符合，也不影响物权变动的效力。

【论】（公示、公信原则的意义）

公示、公信原则是针对物权变动而设立的，在物权法中具有重要地位。公示原则的目的在于确认依照法定公示方法所取得的物权具有对抗力，使第三人知晓权利状况，进而使第三人决定是否从事与该物相关的交易，在明确权利归属的同时，也使第三人的利益得到保护。公信原则的功能则在于，将公示的权利推定为真实，当真实权利与公示权利不一致时，第三人因信赖公示而受到保护。公示、公信原则的意义在于提高物的利用效率，保护交易安全，稳定社会经济秩序。

|例5|（2020·非法学·综合卷）2018年2月24日第十二届全国人大常委会第三十三次会议通过了对宪法宣誓誓词的修改，修改后的誓词为："我宣誓：忠于中华人民共和国宪法，维护宪法权威，履行法定职责，忠于祖国、忠于人民，恪尽职守、廉洁奉公，接受人民监督，为建设富强民主文明和谐美丽的社会主义现代化强国努力奋斗！"

结合材料，论述宪法宣誓制度对依法治国的意义。

【参考答案】

【述】（宪法宣誓制度的概念、背景）

宪法宣誓制度是全国人大及其常务委员会、国务院、中央军委、最高人民法院、最高人民检察院等中央国家机构和县级以上人大及其常委会、人民政府、人民法院、人民检察院等县级以上地方国家机构选出或任命的国家工作人员在就任时公开对宪法进行宣誓的制度。2018年2月24日第十二届全国人大常委会第三十三次会议通过了对宪法宣誓誓词的修改。修改后的誓词为："我宣誓：忠于中华人民共和国宪法，维护宪法权威，履行法定职责，忠于祖国、忠于人民，恪尽职守、廉洁奉公，接受人民监督，为建设富强民主文明和谐美丽的社会主义现代化强国努力奋斗！"2018年《宪法修正案》第40条规定："宪法第二十七条增加一款，作为第三款：'国家工作人员就职时应当依照法律规定公开进行宪法宣誓。'"

【论】（宪法宣誓制度的意义）

宪法宣誓制度对依法治国的意义如下：

（1）有助于树立宪法权威，推进依法治国。全面贯彻实施宪法，是推进依法治国、建设社会主义法治国家的首要任务。任何组织和个人都必须尊重宪法权威，在宪法和法律范围内活动，因自觉接受权威而主动服从，真正将宪法作为其行为准则。

（2）有助于增强公职人员的宪法观念，激励其忠于和维护宪法。经人民代表大会及其常委会选举或决定任命的国家工作人员，在庄严的就职仪式上向选民或者代表机关宣誓，对国家法律和权力赋予者郑重承诺。通过宪法宣誓可以使国家工作人员明确权力来源于宪法，宪法高于权力，宪法约束权力，按照宪法规定行使权力。宣誓者将为人民服务的公仆意识和承诺公开化，产生神圣的使命感和强烈的责任感，时刻受到誓言和自身道德良知的约束。

（3）有利于促进宪法的实施。宪法的实施不仅包括根据宪法制定法律（主要是指立法活动）、宪法解释、宪法监督等，还包括宪法宣誓。世界上成文宪法国家大多在宪法中规定了宪法宣誓制度，即使不在宪法中规定，也在实践中实行宪法宣誓制度。虽然宪法宣誓制度是一个仪式，但它对宪法的宣传效果不限于国家机关工作人员，而是会影响到广大人民群众，因为宪法宣誓仪式往往是公开的，我国《宪法》也规定应当"公开进行宪法宣誓"。宪法宣誓的公开性也有利于人民群众监督相关国家机关工作人员遵守宪法。这也是宪法实施有别于其他法律实施的一个非常重要的方面，其他法律不存在通过进行宣誓来加强其实施的问题。

（4）有助于在全社会传播宪法理念，树立法治信仰。开展普遍的宪法教育活动，对于全社会树立法治信仰和传播宪法精神具有重要意义。设立宪法日，建立宪法宣誓制度，开展宪法教育活动是普及宪法知识，以宪法凝聚社会共识的有效手段，有助于培育和塑造宪法文化，使全社会尊重宪法、热爱宪法和信仰宪法。

|例6|（2019·法学·综合卷）论述我国总理负责制。

【参考答案】

【述】（总理负责制的概念、内容）

总理负责制，是指国务院总理对他主管的工作负全部责任，与此相联系，他对自己主管的工作有完全决定权。

总理负责制的具体内容是：① 由总理提名组成国务院，总理有向全国人大及其常委会提出任免国务院其他组成人员的议案的权力；② 总理领导国务院的工作，副总理、国务委员协助总理工作，其他组成人员都在总理领导下工作，对总理负责；③ 总理主持召开国务院常务会议和全体会议，对于所议事项总理有最后决定权，并对决定的后果承担全部责任；④ 国务院发布的行政法规、决定和命令、向全国人大及其常委会提出的议案、任免国务院有关人员的决定，都由总理签署。

【论】（国务院实行总理负责制的原因和意义）

国务院实行总理负责制是由国务院的性质和任务决定的。国务院是国家行政机关，其任务是执行国家权力机关的决定。权力机关在作出决定时，必须采取合议制的形式，实行少数服从多数的原则。而行政机关在执行权力机关的决定时，需要高度集中指挥，这样才能提高工作效率，及时处理各种繁杂的事务。国务院执行的法律和决议本身是全国人大及其常务委员会在集体讨论的基础上，即民主的基础上通过的，因此，总理负责制并不违背民主集中制原则。而且根据宪法的规定，国务院的会议包括由总理主持的国务院常务会议和全体会议。这就是说总理的决断仍然是民主基础上的集中,是民主集中制原则在行政机关领导体制中的具体表现和运用。

| 例7 | (2017·法学·综合卷)联系我国实际,论述法治的权利保障原则。

【参考答案】

【述】(权利保障原则的概念、内容)

权利保障原则,是指从国家、法律层面对人权、公民权进行切实保障。

权利保障原则的内容主要包括尊重和保障人权、法律面前人人平等和权利与义务相一致。首先,从某种意义上说,法治的所有价值目标都可以归结为充分尊重和保障人权,促进公民自由意识和能力的提高。对国家权力的法律限制本身就是对人权的有力保障。法律至上的最终目标也是为人的权利和自由发展服务的。因此可以说,充分尊重和保障人权是法治的终极性的目的价值。其次,法律面前人人平等是民主和法治的基本要求。具体包括:第一,在法律适用上的平等,即在执法和司法过程中对一切公民权利和自由的平等保护,对一切主体义务的平等要求,对违法行为平等地追究法律责任,不承认任何法外特权。第二,立法上分配各种社会资源上的平等。第三,平等还意味着尊重社会主体的多元价值观和生活方式,消除歧视与偏见。最后,确认和保障主体的权利和自由是法治的根本目的,没有无权利的义务,也没有无义务的权利,公权力在社会资源的分配上,要保证权利的分配和义务的分配相一致,公民在行使权利的过程中,必须尊重他人和社会的合法利益。

【论】(如何在实践中保障权利)

我们国家的宪法就是一部权利保障的法律,宪法通过规范国家权力的正确行使从而保障公民的基本权利的实现:宪法不但规定了公民的基本权利,还规定国家机关有保护公民权利的义务,从而使公民权利得到切实地保障。宪法规范和限制公共权力:国家权力来自于人民,凡不是由公民政治权利授予的权力都不是合法权力，公民通过宪法规定享受所赋予的权利，同时宪法规定国家机关必须利用手中掌握的权力保障与维护公民的权利。在实践中应当做到以下几点：① 尊重和保障人权，促进公民自由意识和能力的提高；② 坚持法律面前人人平等，具体包括法律适用上的平等、立法在分配社会资源上的平等，尊重社会主体的多元价值观和生活方式；③ 确认和保障主体的权利和自由，没有无权利的义务，也没有无义务的权利。公权力在社会资源的分配上，要保证权利和义务的分配相一致，公民在行使权利的过程中，必须尊重他人和社会的合法利益。

│例8│（2017·非法学·综合卷）"法律是治国之重器，良法是善治之前提。"

请论述良法的标准，并结合实际，谈谈如何打造良法。

【参考答案】

【述】（良法的概念、标准）

所谓良法，就是捍卫人们的权利和自由，防止暴政、制裁犯罪、维护正义的法律。与之相对应的是恶法，恶法就是维护独裁专制、维护暴政、侵害人权、肆意剥夺人们的自由、损害正义的法律。

良法的四个标准：① 良法必须是体现广大人民意志的法，它保护的是人民的利益，维护的是有利于人民的社会秩序。人民利益应当是多数人的利益，在一般情况下，应该是公共的利益。良法应该是符合人性、讲究人道、体恤人情、尊重人格的法律。同时，还要看法律的实质，明确该法的出发点与落脚点，不能被一些假象所迷惑，要透过现象看本质。② 良法应该是顺应世界潮流、符合时代要求的法律规范。当今世界潮流和时代特征是和平、发展、合作、共赢，如果一部法律与此背向而行，宣扬和鼓吹逆历史潮流而动的言行，那么它就是恶法。③ 良法应该是可以有效实施的法律规范。法律的生命力在于实施，法律的权威也在于实施。如果一部法律不能实施，操作它极端困难，这样的法律绝不是良法。④ 良法应该是联系实际的法律规范。良法是客观规律、特别是经济规律的反映。因此，法律必须结合本国实际，直接引导、促进和保障经济的发展。

【论】（结合"我们学过的"的立法原则，改造"如何打造良法"）

打造良法，我们应当遵循合宪与法制统一原则、民主立法原则和科学立法原则。

（1）打造良法应当遵循合宪与法制统一原则。合宪原则是指享有立法权的立法机关在创制法律的过程中，应当以宪法为依据，符合宪法的理念和要求，遵循宪法的基本原则，以经济建设为中心，坚持社会主义道路，坚持人民民主专政，坚持中国共产党的领导，坚持马克思列宁主义、毛泽东思想、邓小平理论、"三个代表"重要思想、科学发展观、习近平新时代中国特色社会主义思想，坚持改革开放。做到整个法律体系内各项法律、法规之间相互衔接，且相互一致、相互协调。

（2）打造良法应当遵循民主立法原则，即在立法过程中，要体现和贯彻人民主权思想，集中和反映人民的智慧、利益、要求和愿望，使立法机关与人民群众相结合，使立法活动与人民群众参与相结合。立法的民主原则应该包括两个方面：一是立法内容的民主，二是立法过程和立法程序的民主。立法内容的民主是指立法必须从最大多数人的最根本利益出发，发扬社会主义民主，体现人民的意志，这是由我国社会主义的性质决定的。我国宪法规定的公民的基本权利体现了民主立法的原则，但要使立法的内容更充分地体现民主原则，还要用其他法律将宪法规定的公民权利具体化。立法过程和立法程序的民主，首先要求立法主体的组成要民主；其次是立法过程要公开；最后是立法主体的活动要民主，保障人民通过多种途径参与立法活动。

（3）打造良法应当遵循科学立法原则，即科学、合理地规定公民、法人和其他组织的权利和义务以及国家机关的权力与责任，这就要求在立法工作中要坚持权利本位，把保障权利作为设定权利义务的出发点。立法的科学性原则还要求在法律制定过程中要注意法律规范的明确、具体，具有针对性与可执行性。这就要求立法不仅在语言上要具有明确性，平实严谨，而且在内容上要具有针对性和可执行性。立法活动应坚持从实际出发，尊重客观规律，维护和保障立法的科学性。立法不能脱离客观实际存在，不能凭主观臆想进行。

第四节　刻意练习

请考生在指定的答题横线上，按照前文所述的答题模式尝试作答下列问题。
(注意时刻提醒自己，按照答题模式规范作答!)

1. 试论述犯罪的基本特征。

2. 试论述我国刑法中的法律认识错误。

3. 试论述我国刑法中的教唆犯。

4. 试论述民法的性质。

5. 试论述代理的特征。

6. 试论述债务的给付义务与附随义务。

7. 联系实际，论述宪法上的平等保护与合理差别的内涵。

8. 试论述我国的单一制国家结构形式。

9. 有人认为，言论自由只有那些喜欢舞文弄墨的人才需要，对其他人没有意义，也不利于社会的稳定。请结合宪法学原理对此看法进行评析。

10. 论述为什么说"正义需要实现,而且要以看得见的方式实现"。

11. 联系我国实际，论述在全面依法治国中如何推进法治社会建设。

12. 联系我国法治建设的需要,论述司法解释的作用。

第六章 | 法条分析题的解题规范与刻意练习

第一节　题型特征

法条分析题只在非法学的基础卷中出现，民法学1题，刑法学1题，每题10分，共20分。侧重于对法条涉及的基础概念的理解与记忆以及对法条本身的理解与适用的考查，难度中等，基础好的同学比较容易得高分。

第二节　高分思维

1. 法条分析题答题公式：直截了当地回答问题即可，不必拐弯抹角，语言简洁明了，法言法语。如果对该问题教材有分点，应分点作答。答案大部分来源于教材，少数来源于司法解释。近几年的真题更倾向于从教材涉及的知识处设问，考生应当更重视对教材涉及的基础知识的掌握。

2. 如果出了类似多年前的那种法条分析题，不设小问，直接给一个法条，设问为"请评析该法条"，作答时直接把该法条涉及的制度的概念、构成要件（或特征）、权利义务、法律后果、立法意义等内容写上，分点作答即可。但是已经近10年没这么考过，万一又"复古"一次，可按上述方法处理，本质还是考查对基础知识的掌握。

3. 时间控制：每个法条分析题应当在 20 分钟以内答完。

第三节　例题详解

|例1|（2021·非法学·基础卷）《中华人民共和国刑法》第 28 条规定：对于被胁迫参加犯罪的，应当按照他的犯罪情节减轻处罚或者免除处罚。

请分析：

(1) 如何理解"被胁迫参加犯罪"？

(2) 如何理解"减轻处罚"？

(3) 如何理解"免除处罚"？

【参考答案】

(1) "被胁迫参加犯罪"是指犯罪人是在他人的暴力强制或者精神威逼之下被迫参加犯罪的。犯罪人虽有一定程度选择的余地，但并非自愿。（对基础概念的考查，直接答出胁从犯的概念即可）

(2) "减轻处罚"是指判处低于法定最低刑的刑罚。需注意以下问题：第一，法定最低刑，并非笼统地指特定犯罪的法定刑的最低刑，而是指与行为人所实施的特定具体犯罪相适应的量刑幅度中的最低刑。第二，减轻处罚既包括刑种的减轻，也包括刑期的减轻。第三，减轻处罚不能判处法定最低刑，只能在法定最低刑之下判处刑罚，否则将同从轻处罚相混淆；减轻处罚也不能减轻到免除处罚的程度，否则将同免除处罚相混淆。（对基础概念的考查，直接答出减轻处罚的概念即可。鉴于教材对该概念有几个特别提示的要点，也一并分点写出）

(3) "免除处罚"并非无罪判决或免予起诉。免除处罚的前提是有罪判决，

即对犯罪分子作出有罪宣告，但是免除其刑罚处罚。（对基础概念的考查，直接答出免除处罚的概念即可）

| 例 2 |（2021·非法学·基础卷）《中华人民共和国民法典》第 396 条规定：企业、个体工商户、农业生产经营者可以将现有的以及将有的生产设备、原材料、半成品、产品抵押，债务人不履行到期债务或者发生当事人约定的实现抵押权的情形，债权人有权就抵押财产确定时的动产优先受偿。

请分析：

(1) 该条规定的是何种类型的抵押？其特征有哪些？

(2) 该种抵押权设立的公示方法及公示效力如何？

【参考答案】

(1) 该条规定的是动产浮动抵押权。动产浮动抵押权的特征：① 主体具有特定性。抵押人限于企业、个体工商户、农业生产经营者。② 抵押财产具有集合性，限于抵押人的动产，包括现有的和将来所有的动产。③ 抵押财产特定化之前可以自由转让。（对基础概念的考查，写明具体类型，并注意分点作答即可）

(2) 动产浮动抵押权的公示方法是登记。在动产浮动抵押中，抵押权自抵押合同生效时设立；未经登记，不得对抗善意第三人。设立动产浮动抵押的，不得对抗正常经营活动中已支付合理价款并取得抵押财产的买受人。（对基础概念的考查，直接写明动产浮动抵押权的公示方法，并对其公示的效力区分作答即可）

| 例 3 |（2020·非法学·基础卷）《中华人民共和国刑法》第 385 条第 1 款规定：国家工作人员利用职务上的便利，索取他人财物的，或者非法收受他人财物，为他人谋取利益的，是受贿罪。

请分析：

(1) 本款中的"利用职务上的便利"应如何理解？

(2) 本款中的"为他人谋取利益的"应如何理解？

(3) 本款中的"财物"范围应如何确定？

【参考答案】

(1) "利用职务上的便利"既包括利用本人职务上主管、负责、承办某项公共事务的职权，也包括利用职务上有隶属、制约关系的其他国家工作人员的职权。（对基础概念的考查，直接写明"利用职务上的便利"的概念即可）

(2) "为他人谋取利益"的情形包括实际或者承诺为他人谋取利益的；明知他人有具体请托事项的；履职时未被请托，但事后基于该履职事由收受他人财物的；国家工作人员索取、收受具有上下级关系的下属或者具有行政管理关系的被管理人员的财物，可能影响职权行使的。（对基础概念的考查，直接写明"为他人谋取利益"的概念，注意区分情形作答）

(3) "财物"包括货币、物品和财产性利益。（对基础概念的考查，直接写明"财物"包括的内容即可）

| 例 4 | （2020·非法学·基础卷）《中华人民共和国民法总则》第 145 条规定：限制民事行为能力人实施的纯获利益的民事法律行为或者与其年龄、智力、精神健康状况相适应的民事法律行为有效；实施的其他民事法律行为经法定代理人同意或者追认后有效。

相对人可以催告法定代理人自收到通知之日起一个月内予以追认。法定代理人未作表示的，视为拒绝追认。民事法律行为被追认前，善意相对人有撤销的权利。撤销应当以通知的方式作出。

请分析：

(1) 本条中"其他民事法律行为"在法定代理人同意或者追认前效力如何？

(2) 本条中撤销权的行使须具备哪些条件？

(3) 本条中"善意相对人"应如何认定？

【参考答案】

（1）"其他民事法律行为"在法定代理人同意或追认前效力待定。（对基础概念的考查，未同意或追认前是效力待定的）

（2）本条中的撤销权的行使须具备的条件包括：① 在限制民事行为能力人的法定代理人追认前行使；② 相对人为善意；③ 撤销应当以通知的方式作出。（对基础概念的考查，分点答出撤销权的行使条件即可）

（3）"善意相对人"是指实施民事法律行为时不知道或者不应当知道对方为限制民事行为能力人。（对基础概念的考查，答出"善意相对人"的概念即可）

（注意：《民法典》将《民法总则》规定的"相对人可以催告法定代理人自收到通知之日起一个月内予以追认"修改为"相对人可以催告法定代理人自收到通知之日起三十日内予以追认"）

| 例5 |（2019·非法学·基础卷）《中华人民共和国合同法》第286条规定：发包人未按照约定支付价款的，承包人可以催告发包人在合理期限内支付价款。发包人逾期不支付的，除按照建设工程的性质不宜折价、拍卖的以外，承包人可以与发包人协议将该工程折价，也可以申请人民法院将该工程依法拍卖。建设工程的价款就该工程折价或者拍卖的价款优先受偿。

请分析：

（1）该条所规定的"建设工程的价款"的范围是什么？

（2）该条所规定的承包人行使优先受偿权的期限是多长？从何时起算？

（3）如建设工程抵押给银行，银行与承包人均主张优先受偿，如何处理？

【参考答案】

（1）"建设工程的价款"的范围包括承包人为建设工程应当支付的工作人员的报酬、材料款等实际支出的费用，不包括承包人因发包人违约所造成的损失。（对基础概念的考查，注意"建设工程的价款"不包含的内容）

(2) 承包人行使优先受偿权的期限是6个月，自建设工程竣工之日或者建设工程合同约定的竣工之日起计算。（对基础概念的考查，注意起始计算的时间）

(3) 由承包人优先受偿，承包人优先受偿权优先于银行享有的抵押权。（对基础概念的考查，建设工程承包人的优先受偿权优先于抵押权和其他债权）

|例6|（2019·非法学·基础卷）《中华人民共和国刑法》第30条规定：公司、企业、事业单位、机关、团体实施的危害社会的行为，法律规定为单位犯罪的，应当负刑事责任。

请分析：

(1) 该条中"公司、企业、事业单位"的范围应如何理解？

(2) 如果单位实施刑法未规定追究单位刑事责任的严重危害社会的行为，应如何处理？

【参考答案】

(1) "公司、企业、事业单位"，既包括国有、集体所有的公司、企业、事业单位，也包括依法设立的合资经营、合作经营企业和具有法人资格的独资、私营等公司、企业、事业单位。（对基础概念的考查，写出公司、企业、事业单位的具体概念即可）

(2) 对组织、策划、实施该危害行为的人依法追究刑事责任，对单位本身不追究刑事责任。（对法条的理解，按照组织、策划、实施的相关行为人所犯罪行追究刑责）

|例7|（2018·非法学·基础卷）《中华人民共和国刑法》第16条规定：行为在客观上虽然造成了损害结果，但是不是出于故意或者过失，而是由于不能抗拒或者不能预见的原因所引起的，不是犯罪。

请分析：不能抗拒和不能预见的含义。

【参考答案】

"不能抗拒"是指行为人没有能力抗衡或者阻止危害结果的发生。行为在客观上虽然造成了损害结果，但不是出于行为人的故意或者过失，而是由于不能抗拒的原因所引起的，不是犯罪。所谓不能抗拒的原因，是指行为人遭遇到集全部智慧和力量都无法抗衡、不可能阻止危害结果发生。这种不可抗力的来源是多方面的，可以来自大自然，如地震、火山爆发、洪水泛滥、江河决堤等；也可以自他人，如遇到土匪袭击等；也可以来自牲畜，如惊马冲撞等；也可能来自行为人本人生理疾患或心理障碍，如心脏病发作等。

"不能预见"是指行为人未预见，且根据当时的客观情况和行为人的主观认识能力，也不可能预见。(对基础概念的考查，分别写出"不能抗拒""不能预见"的概念，适当举例)

| 例8 | （2018·非法学·基础卷）《中华人民共和国物权法》第20条规定：当事人签订买卖房屋或者其他不动产物权的协议，为保障将来实现物权，按照约定可以向登记机构申请预告登记。预告登记后，未经预告登记的权利人同意，处分该不动产的，不发生物权效力。

预告登记后，债权消灭或者自能够进行不动产登记之日起三个月内未申请登记的，预告登记失效。

请分析：

(1) 哪些行为属于该条第1款所称的"处分该不动产"行为？

(2) 哪些情形应当认定为该条第2款所称的"债权消灭"的情形？

【参考答案】

(1) "处分该不动产"的行为具体包括：未经预告登记的权利人同意，转移不动产所有权，或者设定建设用地使用权、地役权、抵押权等其他物权的。(对基础概念的考查，注意表述要完整)

（2）买卖不动产物权的协议被认定为无效、被撤销、被解除，或者预告登记的权利人放弃债权的，应当认定为本款中的"债权消灭"。（对基础概念的考查，答出"债权消灭的情形"即可）

（注意：《民法典》将预告登记失效的期间由"三个月内"修改为"九十日以内"）

| 例 9 | （2017·非法学·基础卷）《中华人民共和国刑法》第133条规定：违反交通运输管理法规，因而发生重大事故，致人重伤、死亡或者使公私财产遭受重大损失的，处三年以下有期徒刑或者拘役；交通运输肇事后逃逸或者有其他特别恶劣情节的，处三年以上七年以下有期徒刑；因逃逸致人死亡的，处七年以上有期徒刑。

请分析：

（1）本条中"交通运输肇事后逃逸"如何理解？

（2）本条中"因逃逸致人死亡"如何理解？

【参考答案】

（1）"交通运输肇事后逃逸"是指行为人在发生了构成交通肇事罪的交通事故后，为逃避法律追究而逃跑的行为。（对基础概念的考查，答出"交通运输肇事后逃逸"的概念即可）

（2）"因逃逸致人死亡"是指行为人在交通肇事后为逃避法律追究而逃跑，致使被害人因得不到救助而死亡的情形。（对基础概念的考查，答出"因逃逸致人死亡"的概念即可）

| 例 10 | （2017·非法学·基础卷）《中华人民共和国民法通则》第93条规定：没有法定的或者约定的义务，为避免他人利益受损进行管理或者服务的，有权要求受益人偿付由此而支付的必要费用。

请分析：

（1）本条规定的是因何种原因产生的债。

（2）本条规定的债发生原因有哪些构成要件？

（3）本条中的"必要费用"包括哪些？

【参考答案】

（1）该条规定的是因无因管理产生的债。（对基础概念的考查，根据法条规定的内容可以推定为因无因管理产生的债）

（2）无因管理的构成要件包括：① 管理他人事务。② 有为他人谋利益的意思。③ 无法定或约定的义务。（对构成要件的考查，分点答出无因管理的构成要件即可）

（3）"必要费用"是指：① 管理他人事务而产生的费用和利息；② 因管理他人事务而产生的债务；③ 因管理他人事务而产生的财产损害和人身损害。（基础概念的考查，分点答出必要费用的内容）

第四节　刻意练习

请考生在指定的答题横线上，按照前文所述的答题模式尝试作答下列问题。注意时刻提醒自己，按照答题模式规范作答！

1.《中华人民共和国刑法》第3条规定：法律明文规定为犯罪行为的，依照法律定罪处刑；法律没有明文规定为犯罪行为的，不得定罪处刑。

请分析：

（1）该条文规定了什么刑法基本原则？该基本原则的基本内容有哪些？

（2）该基本原则在实践中如何体现？

(3) 本条中的"法律"是否包含行政法规、地方性法规?

2. 《中华人民共和国民法典》第8条规定：民事主体从事民事活动，不得违反法律，不得违背公序良俗。

请分析：

（1）何为"公序""良俗"？

（2）公序良俗原则的地位是什么？

（3）违反公序良俗的行为主要有哪些？

3.《中华人民共和国刑法》第 5 条规定：刑罚的轻重，应当与犯罪分子所犯罪行和承担的刑事责任相适应。

请分析：

（1）该条文规定了什么刑法基本原则？其含义是？

（2）该基本原则的基本内容是什么？

（3）该基本原则在刑法中如何体现？

4.《中华人民共和国民法典》第 15 条规定：自然人的出生时间和死亡时间，以出生证明、死亡证明记载的时间为准；没有出生证明、死亡证明的，以户籍登记或者其他有效身份登记记载的时间为准。有其他证据足以推翻以上记载时间的，以该证据证明的时间为准。

请分析：

（1）何为"出生证明""死亡证明"？

（2）如何理解"户籍登记""其他有效身份登记"？

（3）如何理解"有其他证据足以推翻以上记载时间的，以该证据证明的时间为准"？

（4）如果有相互继承关系的几个人在同一事件中死亡而无法确定死亡先后顺序的，如何处理？

5.《中华人民共和国刑法》第 6 条规定：凡在中华人民共和国领域内犯罪的，除法律有特别规定的以外，都适用本法。

凡在中华人民共和国船舶或者航空器内犯罪的，也适用本法。

犯罪的行为或者结果有一项发生在中华人民共和国领域内的，就认为是在中华人民共和国领域内犯罪。

请分析：

（1）本条体现了刑法空间效力的什么原则？其具体含义是？

（2）如何理解本条第 1 款的"除法律有特别规定的以外"？

（3）如何理解本条第 1 款的"中华人民共和国领域内"？

6.《中华人民共和国民法典》第 46 条规定：自然人有下列情形之一的，利害关系人可以向人民法院申请宣告该自然人死亡：

（一）下落不明满四年；

（二）因意外事件，下落不明满二年。

因意外事件下落不明，经有关机关证明该自然人不可能生存的，申请宣告死亡不受二年时间的限制。

《中华人民共和国民法典》第 47 条规定：对同一自然人，有的利害关系人申请宣告死亡，有的利害关系人申请宣告失踪，符合本法规定的宣告死亡条件的，人民法院应当宣告死亡。

《中华人民共和国民法典》第 48 条规定：被宣告死亡的人，人民法院宣告死亡的判决作出之日视为其死亡的日期；因意外事件下落不明宣告死亡的，意外事件发生之日视为其死亡的日期。

《中华人民共和国民法典》第 49 条规定：自然人被宣告死亡但是并未死亡的，不影响该自然人在被宣告死亡期间实施的民事法律行为的效力。

《中华人民共和国民法典》第 50 条规定：被宣告死亡的人重新出现，经本人或者利害关系人申请，人民法院应当撤销死亡宣告。

《中华人民共和国民法典》第 51 条规定：被宣告死亡的人的婚姻关系，自死亡宣告之日起消除。死亡宣告被撤销的，婚姻关系自撤销死亡宣告之日起自行恢复。但是，其配偶再婚或者向婚姻登记机关书面声明不愿意恢复的除外。

《中华人民共和国民法典》第 52 条规定：被宣告死亡的人在被宣告死亡期间，其子女被他人依法收养的，在死亡宣告被撤销后，不得以未经本人同意为由主张收养行为无效。

《中华人民共和国民法典》第 53 条规定：被撤销死亡宣告的人有权请求依照本法第六编取得其财产的民事主体返还财产；无法返还的，应当给予适当补偿。

利害关系人隐瞒真实情况，致使他人被宣告死亡而取得其财产的，除应当返还财产外，还应当对由此造成的损失承担赔偿责任。

请分析：

（1）根据法条归纳宣告死亡的条件。

（2）如何理解第 46 条的"利害关系人"？是否有顺序限制？

（3）宣告死亡的公告期是多久？

（4）宣告失踪是否为宣告死亡的必经程序？

（5）如何理解第 49 条的规定？

（6）如何理解第 51 条的"再婚"与"向婚姻登记机关书面声明不愿意恢复"？

（7）如何理解第 52 条的规定？

（8）如何理解第 53 条的规定？

（9）甲在战争期间下落不明，几年后才符合宣告死亡的条件？

（10）被撤销死亡宣告的人请求返还财产，其原物已被第三人合法取得的，如何处理？

7. 《中华人民共和国刑法》第 9 条规定：对于中华人民共和国缔结或者参加的国际条约所规定的罪行，中华人民共和国在所承担条约义务的范围内行使刑事管辖权的，适用本法。

请分析：

（1）本条规定的"中华人民共和国缔结或者参加的国际条约所规定的罪行"主要包括哪些？

（2）我国行使普遍管辖的条件有哪些？

（3）我国司法机关根据普遍管辖原则行使管辖权时，如何处理罪犯？

8. 《中华人民共和国民法典》第 96 条规定：本节规定的机关法人、农村集体经济组织法人、城镇农村的合作经济组织法人、基层群众性自治组织法人，为特别法人。

请分析：

（1）特别法人"特别"在哪？

（2）何为"机关法人""基层群众性自治组织法人"？试着举例。

（3）机关法人何时具有法人资格？机关法人被撤销的，如何处理？

9.《中华人民共和国刑法》第 13 条规定：一切危害国家主权、领土完整和安全，分裂国家、颠覆人民民主专政的政权和推翻社会主义制度，破坏社会秩序和经济秩序，侵犯国有财产或者劳动群众集体所有的财产，侵犯公民私人所有的财产，侵犯公民的人身权利、民主权利和其他权利，以及其他危害社会的行为，依照法律应当受刑罚处罚的，都是犯罪，但是情节显著轻微危害不大的，不认为是犯罪。

请分析：

(1) 我国刑法规定的犯罪有什么特征？

(2) 规定"但书"的意义何在？

(3) 本条中"不认为是犯罪"的含义。

10.《中华人民共和国民法典》第 102 条规定：非法人组织是不具有法人资格，但是能够依法以自己的名义从事民事活动的组织。

非法人组织包括个人独资企业、合伙企业、不具有法人资格的专业服务机构等。

请分析：

（1）非法人组织的特征是什么？

（2）何为"个人独资企业""合伙企业""不具有法人资格的专业服务机构"？个人独资企业与一人公司一样吗？

（3）非法人组织的财产不足以清偿债务的，如何处理？

11.《中华人民共和国刑法》第 14 条规定：明知自己的行为会发生危害社会的结果，并且希望或者放任这种结果发生，因而构成犯罪的，是故意犯罪。

故意犯罪，应当负刑事责任。

请分析：

（1）犯罪故意的特征有哪些？

（2）本条中"明知"的范围是什么？

（3）本条中的"希望"或"放任"如何理解？

（4）犯罪故意可以怎么分类？它们之间有什么异同？

12. 《中华人民共和国民法典》第 117 条规定：为了公共利益的需要，依照法律规定的权限和程序征收、征用不动产或者动产的，应当给予公平、合理的补偿。

请分析：

（1）如何理解"征收""征用"？

（2）如何理解"为了公共利益的需要"？

（3）如何理解"补偿"？与赔偿有何区别？

13.《中华人民共和国刑法》第 21 条规定：为了使国家、公共利益、本人或者他人的人身、财产和其他权利免受正在发生的危险，不得已采取的紧急避险行为，造成损害的，不负刑事责任。

紧急避险超过必要限度造成不应有的损害的，应当负刑事责任，但是应当减轻或者免除处罚。

第一款中关于避免本人危险的规定，不适用于职务上、业务上负有特定责任的人。

请分析：

（1）紧急避险的成立条件有哪些？

（2）紧急避险和正当防卫有什么异同？区分的意义何在？

（3）避险过当有什么特征？如何承担刑事责任？

14. 《中华人民共和国民法典》第 121 条规定：没有法定的或者约定的义务，为避免他人利益受损失而进行管理的人，有权请求受益人偿还由此支出的必要费用。

请分析：

（1）本条规定了什么样的债？其构成要件是什么？

（2）如何理解"没有法定的或者约定的义务"？

（3）如何理解"为避免他人利益受损失"？

（4）如何理解"必要费用"的范畴？

15.《中华人民共和国刑法》第 23 条规定：已经着手实行犯罪，由于犯罪分子意志以外的原因而未得逞的，是犯罪未遂。

对于未遂犯，可以比照既遂犯从轻或者减轻处罚。

请分析：

（1）如何理解本条第 1 款中的"着手"？

（2）如何理解本条第 1 款中的"未得逞"？

（3）如何理解本条第 1 款中的"意志以外的原因"？"意志以外的原因"主要包括哪些？

（4）不能犯未遂与迷信犯、愚昧犯的区别有哪些？

16.《中华人民共和国民法典》第122条规定：因他人没有法律根据，取得不当利益，受损失的人有权请求其返还不当利益。

请分析：

(1) 本条规定了什么样的债？其构成要件是什么？

(2) 如何理解"损失"的范畴？

(3) 如何理解"因他人没有法律根据"的范畴？

(4) 本条规定的债的法律后果是什么？

17.《中华人民共和国刑法》第 26 条规定：组织、领导犯罪集团进行犯罪活动的或者在共同犯罪中起主要作用的，是主犯。

三人以上为共同实施犯罪而组成的较为固定的犯罪组织，是犯罪集团。

对组织、领导犯罪集团的首要分子，按照集团所犯的全部罪行处罚。

对于第三款规定以外的主犯，应当按照其所参与的或者组织、指挥的全部犯罪处罚。

请分析：

（1）如何理解本条第 3 款中的"首要分子"？

（2）如何区分"主犯"和"首要分子"？

（3）如何理解"犯罪集团"？

18. 《中华人民共和国民法典》第133条规定：民事法律行为是民事主体通过意思表示设立、变更、终止民事法律关系的行为。

《中华人民共和国民法典》第134条规定：民事法律行为可以基于双方或者多方的意思表示一致成立，也可以基于单方的意思表示成立。

法人、非法人组织依照法律或者章程规定的议事方式和表决程序作出决议的，该决议行为成立。

《中华人民共和国民法典》第135条规定：民事法律行为可以采用书面形式、口头形式或者其他形式；法律、行政法规规定或者当事人约定采用特定形式的，应当采用特定形式。

请分析：

（1）民事法律行为的特征有哪些？

（2）第134条第1款规定了哪些种类的民事法律行为？

（3）如何理解第135条规定的"书面形式""口头形式"？

（4）民事法律行为的成立条件是什么？

19. 《中华人民共和国刑法》第 191 条规定：为掩饰、隐瞒毒品犯罪、黑社会性质的组织犯罪、恐怖活动犯罪、走私犯罪、贪污贿赂犯罪、破坏金融管理秩序犯罪、金融诈骗犯罪的所得及其产生的收益的来源和性质，有下列行为之一的，没收实施以上犯罪的所得及其产生的收益，处五年以下有期徒刑或者拘役，并处或者单处罚金；情节严重的，处五年以上十年以下有期徒刑，并处罚金：

（一）提供资金帐户的；

（二）将财产转换为现金、金融票据、有价证券的；

（三）通过转帐或者其他支付结算方式转移资金的；

（四）跨境转移资产的；

（五）以其他方法掩饰、隐瞒犯罪所得及其收益的来源和性质的。

单位犯前款罪的，对单位判处罚金，并对其直接负责的主管人员和其他直接责任人员，依照前款的规定处罚。

请分析：

（1）如何理解"犯罪的所得及其产生的收益"？

（2）对本条规定的七类上游犯罪之外的犯罪的违法所得及其产生的收益实施转换行为的，如何处理？

（3）如果行为人事先参与了本条规定的七类犯罪的通谋，约定事成后将犯罪的违法所得及其产生的收益实施转换，如何处罚？

20. 《中华人民共和国民法典》第 140 条规定：行为人可以明示或者默示作出意思表示。

沉默只有在有法律规定、当事人约定或者符合当事人之间的交易习惯时，才可以视为意思表示。

《中华人民共和国民法典》第 141 条规定：行为人可以撤回意思表示。撤回意思表示的通知应当在意思表示到达相对人前或者与意思表示同时到达相对人。

请分析：

（1）意思表示的概念和特征是什么？

（2）如何理解第 140 条中的"明示""默示""沉默"？

（3）如何理解第 141 条中的"撤回"？撤回后会产生什么法律后果？

第七章 刻意练习答案解析

第一节 简答题刻意练习答案解析

1. 简述罪刑法定原则的基本内容和体现。

【解题步骤】

第一步：快速回忆罪刑法定原则的概念及相关要点。罪刑法定原则的内容包括法定化、明确化、合理化，罪刑法定原则主要体现在刑事司法、立法两个方面。

第二步：根据回忆的概念和要点进行拓展答题。

【参考答案】

罪刑法定原则，是指法律明文规定为犯罪行为的，依照法律定罪处刑；法律没有明文规定为犯罪行为的，不得定罪处刑。（阐述罪刑法定原则的概念）

它的基本内容包括：① 法定化，即犯罪和刑罚必须事先由法律明文规定。（解释罪刑法定原则中"法定化"的含义）② 明确化，即对于什么行为是犯罪以及犯罪所产生的法律后果，都必须作出具体的规定并用文字表述清楚。（解释"明确化"的含义）③ 合理化，即罪刑法定原则要求合理确定犯罪的范围和惩罚的程度，防止滥施刑罚，禁止采用过分的、残酷的刑罚。（解释"合理

化"的含义）

罪刑法定原则主要体现在：① 在刑事立法方面，《刑法》总则规定了犯罪的一般定义、共同构成要件、刑罚的种类、刑罚运用的具体制度等；《刑法》分则明确规定了各种具体犯罪的构成要件及其法定刑，为正确定罪量刑提供了明确、完备的法律标准。（进一步解释罪刑法定原则在刑事立法方面的体现，并举例加以说明）② 在刑事司法方面，废除了刑事司法类推制度，要求司法机关严格解释和适用刑法，依法定罪处刑。（进一步解释罪刑法定原则在刑事司法方面的体现，并举例说明）

2. 简述我国刑法在中国领域内的效力。

【解题步骤】

第一步：快速回忆刑法空间效力的概念及相关要点。刑法空间效力适用于中国领域、中国船舶和航空器内，以及行为发生地和结果地的认定。

第二步：根据回忆的概念和要点进行拓展答题。

【参考答案】

刑法的空间效力，是指刑法对地域和对人的效力，也就是解决刑法适用于什么地域和适用于哪些人的问题。（阐述刑法空间效力的基本概念）

根据《刑法》第6条的规定：① 凡在中华人民共和国领域内犯罪的，除法律有特别规定的以外，都适用中国刑法。（解释刑法在中国领域内适用）② 凡在中华人民共和国船舶或者航空器内犯罪的，也适用中国刑法。该规定是属地原则的补充性原则，也称"旗国主义"。（解释"旗国主义"的含义）③ 犯罪的行为或者结果有一项发生在中华人民共和国领域内的，就认为是在中华人民共和国领域内犯罪。这种以犯罪发生的地域为根据来确立刑法适用（效力）范围的规范，体现了属地原则。（进一步表明中国刑法适用于犯罪行为或结果发生地）

3. 简述犯罪客体与犯罪对象的联系和区别。

【解题步骤】

第一步：快速回忆犯罪客体与犯罪对象的概念及相关要点。注意全面概括其联系与区别。

第二步：根据回忆的概念和要点进行拓展答题。

【参考答案】

犯罪对象是刑法规定的犯罪行为所侵犯或直接指向的具体事物（人、物、信息），而犯罪客体是法律所保护的为犯罪所侵害的社会利益，二者是现象与本质的关系。(分别解释"犯罪对象"和"犯罪客体"的概念)

（1）联系。① 作为犯罪对象的具体人是作为犯罪客体的具体社会关系的主体承担者；作为犯罪对象的具体物是作为犯罪客体的具体社会关系的物质表现。② 通常来说，犯罪客体总是通过一定的犯罪对象表现它的存在，也即犯罪分子的行为就是通过犯罪对象即具体物或者具体人来侵害一定的社会关系的。

（2）区别。① 是否决定犯罪性质不同。犯罪客体决定犯罪性质，犯罪对象则未必。犯罪客体相同意味着犯罪性质相同，故客体是犯罪分类依据。犯罪对象相同并不意味着犯罪性质相同，对象不是犯罪分类依据。② 是否为必备构成要件不同。犯罪客体是犯罪构成的一般要件之一，而犯罪对象仅是犯罪客观方面中的选择性要素之一。犯罪对象虽然是绝大多数犯罪构成的必要要素，但也有极少数犯罪，如组织、领导、参加恐怖组织罪，脱逃罪等，犯罪对象不是其犯罪构成的必要要素。③ 是否受到侵害不同。任何犯罪都会使犯罪客体受到危害，而犯罪对象则不一定受到损害。④ 是否为犯罪分类基础不同。犯罪客体是犯罪分类的基础，犯罪对象则不是。

4. 简述不作为犯罪的义务来源。

【解题步骤】

第一步：快速回忆不作为犯罪的概念及相关要点。不作为犯罪的义务来源于法律规定、职务和业务、法律地位和法律行为、先行行为。

第二步：根据回忆的概念和要点进行拓展答题。

【参考答案】

不作为犯罪，是指消极的犯罪行为，即行为人消极地不履行法律义务而危害社会的行为。它并不是单纯地不实施任何身体动作，其本质上是违反了某种命令性规范。（阐述不作为犯罪的概念）

这种义务主要来自以下几个方面：

(1) 法律上的明文规定。例如《民法典》规定，夫妻之间、直系亲属之间在特定条件下的扶养、抚养和赡养的义务。（解释不作为犯罪义务可来源于法律明确规定，并举例说明）

(2) 行为人职务上、业务上的要求。例如，国家工作人员有履行相应职责的义务，值勤消防人员有扑灭火灾的义务。（解释不作为犯罪义务可来源于职务、业务要求，并举例说明）

(3) 行为人的法律地位或法律行为所产生的义务。例如，监护人对自己监护下的精神病人，在发生侵害法益的危险时，有防止其发生的义务；将弃婴抱回家中的人，对该婴儿负有抚养的义务。（从行为人的法律行为和法律地位的角度出发，确定不作为犯罪的义务来源，并通过具体案情来加以说明）

(4) 行为人的先行行为具有发生一定危害结果的危险的，其负有防止该危险发生的义务。例如使他人跌落水中有溺死的危险的，即负有救护义务。如果看到某人跌落水中，虽然旁观者有救助能力但未进行救助，其行为该不该构成犯罪，这在理论上还有争议。（从先行行为引发危害结果来说明不作为犯罪的义务

来源，并举例说明）

5. 简述死刑适用及其限制性规定。

【解题步骤】

第一步：快速回忆死刑的概念及相关要点。可以通过适用对象、条件、程序、执行制度来限制死刑适用。

第二步：根据回忆的概念和要点进行拓展答题。

【参考答案】

死刑，也称生命刑，即剥夺犯罪分子生命的刑罚方法。它是对犯罪分子的生命予以剥夺而不是对犯罪分子的自由予以剥夺，是最严厉的刑罚方法，因此也称为"极刑"。（阐述死刑的概念）

死刑的限制性规定包括：

（1）限制死刑适用条件。死刑只适用于罪行极其严重的犯罪分子。所谓罪行极其严重，是指犯罪行为对国家和人民的利益危害特别严重，社会危害性极为巨大。（解释限制死刑的适用条件，进一步解释"罪行极其严重"的含义）

（2）限制死刑适用对象。犯罪的时候不满18周岁的人和审判时怀孕的妇女，不适用死刑。另外，审判的时候已满75周岁的人，除以特别残忍手段致人死亡的外，一般不适用死刑。（进一步解释限制死刑的适用对象）

（3）限制死刑适用程序。判处死刑立即执行的，除依法由最高人民法院判决的以外，都应当报请最高人民法院核准。（进一步解释限制死刑的适用程序）

（4）限制死刑执行制度。对于应当判处死刑的犯罪分子，如果不是必须立即执行的，可以判处死刑同时宣告缓期二年执行。（进一步解释死缓制度）

6. 简述再犯与累犯的区别。

【解题步骤】

第一步：快速回忆累犯与再犯的概念及相关要点。累犯与再犯在罪行条件、刑罚条件、时间条件上有所区别。

第二步：根据回忆的概念和要点进行拓展答题。

【参考答案】

再犯，是指再次犯罪的人，不管是两次或者两次以上再实施犯罪，还是是否受过刑罚处罚，均可称为再犯。累犯，是指被判处有期徒刑以上刑罚并在刑罚执行完毕或者赦免以后，在 5 年以内再犯应当判处有期徒刑以上刑罚之罪的犯罪分子。(分别阐述再犯和累犯的概念)

累犯与再犯的区别包括：

(1) 罪行条件。累犯前后实施的犯罪必须是特定的犯罪，特定犯罪的性质是由法律明文规定的；而再犯前后实施的犯罪，并无此方面的限制。(进一步解释再犯与累犯在前罪与后罪是否构成特定犯罪上的区别)

(2) 刑罚条件。累犯一般必须以前后两罪被判处或应判处一定的刑罚为构成条件；而再犯，并不要求前后两罪必须被判处一定刑罚。(进一步解释再犯与累犯在前罪与后罪是否要求一定刑罚上的区别)

(3) 时间条件。累犯所犯之后罪，一般必须是在前罪刑罚执行完毕或赦免以后的法定期限内实施的；而再犯的前后两罪之间并无时间方面的限制。(进一步解释再犯与累犯在前罪与后罪之间有无时间限制方面的区别)

7. 简述一般自首的概念及成立条件。

【解题步骤】

第一步：快速回忆一般自首的概念及相关要点。成立一般自首要求自动投案、如实供述罪行。

第二步：根据回忆的概念和要点进行拓展答题。

【参考答案】

一般自首，是指犯罪分子犯罪以后自动投案，如实供述自己罪行的行为。

（阐述一般自首的概念）

一般自首的成立条件包括：

（1）自动投案，即在犯罪事实或者犯罪嫌疑人未被司法机关发觉，或者虽被发觉，但犯罪嫌疑人尚未受到讯问、未被采取强制措施时，主动、直接向公安机关、人民检察院或者人民法院投案。（解释"自动投案"的含义，并列举自动投案的情形）

（2）如实供述自己的罪行，即供述自己实施并应由本人承担刑事责任的罪行。投案人所供述的犯罪，既可以是投案人单独实施的，也可以是与他人共同实施的；既可以是一罪，也可以是数罪。（解释"如实供述自己的罪行"的含义，并列举如实供述自己的罪行的情形）

8. 简述民法的性质。

【解题步骤】

第一步：快速回忆民法的概念及相关要点。民法是私法、权利法、调整市场经济关系、市民社会关系的基本法、实体法。

第二步：根据回忆的概念和要点进行拓展答题。

【参考答案】

民法是调整平等主体之间发生的人身关系和财产关系的法律规范的总和。（阐述民法的概念）

其性质是：

（1）民法是私法。民法的调整对象决定了民法是私法，民法调整的社会关系主要涉及私人利益，民事主体之间是平等的关系，国家介入也是作为特殊的民事主体参与民事活动。（联系相关要素，阐述民法与私法之间的关系）

（2）民法是调整市场经济关系的基本法。从内容来看，民法调整的财产关系主要是财产归属关系和财产流通关系。（从民法的内容出发，阐述民法与市场

经济关系之间的联系）

（3）民法是调整市民社会关系的基本法。民法调整市民社会关系，重在保护市民的私权，加大对个人自由权利的保障，以构建和谐的市民社会秩序。（从民法与个人私权之间的关系出发，阐述民法与市民社会之间的联系）

（4）民法是权利法。民法最基本的职能在于对民事权利的确认和保护。民法通过权利确认当事人的行为规则。民法通过救济手段确认权利。（进一步阐述民法是权利法）

（5）民法是实体法。民法规定的是民事主体相互间权利义务的实体内容。民法作为实体法，既是行为规则，又是裁判规则。民法作为行为规则具有确立交易规则和生活规则的功能，民法作为裁判规则是司法机关正确处理民事纠纷所要依循的准则。（最后，强调民法的功能，确定民法是实体规范而不是程序规范）

9. 简述民法中的平等原则。

【解题步骤】

第一步：快速回忆民法平等原则的概念及相关要点。民法平等原则的主要体现是适用同一法律、平等受法律保护、平等协商。

第二步：根据回忆的概念和要点进行拓展答题。

【参考答案】

民法中的平等原则是指民事主体在民事活动中的地位平等。平等原则是由民法调整的社会关系的性质决定的，没有平等就没有民法，市场经济最本质的特征就体现在主体之间的平等性上。（先阐述民法中平等原则的概念，即民事主体在民事活动中的地位是平等的）

其表现为：

（1）公民的民事权利能力一律平等。任何公民在法律上不分尊卑贵贱、财富多寡、种族差异、性别差异，其抽象人格都是平等的。（联系相关要素，阐述

民事权利能力平等的含义）

（2）不同民事主体参与民事法律关系适用同一法律，处于平等的地位。（进一步阐述公民参与民事活动受同样的法律调整）

（3）民事主体在民事法律关系中必须平等协商。任何一方当事人不得将自己的意志强加给另一方当事人。（进一步阐述平等协商的含义）

（4）对权利予以平等的保护。在法律上，无论具体的人具有何种事实上的差异，当其权利受到侵害时，法律都给予平等保护。（进一步阐述平等的含义，即公民受到法律的平等救济）

10. 简述民事法律关系的概念和特征。

【解题步骤】

第一步：快速回忆民事法律关系的概念及相关要点。民事法律关系的特征包括：人身关系和财产关系的平等性以及保障措施的补偿性。

第二步：根据回忆的概念和要点进行拓展答题。

【参考答案】

民事法律关系是由民事法律规范所确立的、以民事权利和民事义务为主要内容的法律关系。（阐述民事法律关系的概念）

其特征是：

（1）民事法律关系是民法在调整平等主体之间的人身关系和财产关系过程中所形成的社会关系。民事法律关系的发生，大多取决于民事主体的意思表示。（阐述民事法律关系与民事主体意思的联系）

（2）民事法律关系的保障措施具有补偿性。民法以弥补损失为主要目的，惩罚性的赔偿责任不是主要的民事责任形式。法律对于民事权利的保护，主要是通过赋予遭受损害的一方当事人以请求权来实现的。通过请求权的行使，弥补该方当事人所遭受的损失。（进一步阐述民事法律关系中补偿性的含义，并反面说

明惩罚性不是民事责任的主要形式)

11. 简述民事法律关系的客体及物的类型。

【解题步骤】

第一步：快速回忆民事法律关系客体的概念及相关要点。先从不同角度对民事法律关系进行分类，再回答民法对"物"的分类。

第二步：根据回忆的概念和要点进行拓展答题。

【参考答案】

民事法律关系的客体与主体相对应，是指民事权利和民事义务所指向的对象。

民事法律关系的客体主要有五类，即物、行为、智力成果、人身利益和权利。其中，物主要是物权法律关系的客体。(阐述民事法律关系客体的概念，并列举物的类型)

物的类型包括：

（1）根据是否具有可移动性，可以将物分为动产与不动产。动产是指能够移动且不因移动损害其价值的物，如生产设备、运输工具等；不动产是指不能移动或虽可移动但会因移动损害其价值的物，如土地、附着于土地上的建筑物及其他定着物、建筑物的固定附属设备等。(从可否移动角度对物作分类，同时举例说明动产和不动产的类型)

（2）根据两物之间的从属关系，可以将物分为主物和从物。在为同一所有人所有，需共同使用才能更好地发挥作用的两物中，起主要作用的即为主物，辅助主物发挥效用的物即为从物。主物转让的，从物随主物转让，但当事人另有约定的除外。(从两物之间的从属关系对物作分类)

（3）根据两物之间的派生关系，可以将物分为原物与孳息。原物是指能够产生收益的物，孳息为原物产生的收益。(从两物之间的派生关系对物作分类)

(4) 根据是否独自特征或是否被特定化，可以将物分为特定物和种类物。特定物既包括独具特征、独一无二的物，也包括经交易当事人指定被特定化的种类物；种类物是指具有共同的属性，可以通过品种、规格、型号等加以确定的物。(从是否独自特征或是否被特定化对物作分类)

12. 简述民事权利的保护方式。

【解题步骤】

第一步：快速回忆民事权利的概念及相关要点。民事权利的护保方式分为公力救济、私力救济。

第二步：根据回忆的概念和要点进行拓展答题。

【参考答案】

民事权利，是指民事主体为实现某种利益而依法为某种行为或不为某种行为的自由。民事权利的保护根据保护措施性质的不同分为公力救济和私力救济。(指出民事权利是民事主体的一种自由，并根据保护措施的不同，将民事权利的保护方式分为私力救济和公力救济)

民事权利的保护方式分为：

(1) 公力救济，又称民事权利的国家保护，是指民事权利受到侵害时，由国家机关给予保护。民事主体的民事权利受到侵犯时，可以诉请人民法院或仲裁机关予以判决或者仲裁，也可以依法请求有关的国家机关给予保护。(阐述"公力救济"的含义，并列举公力救济的方式)

(2) 私力救济，又称民事权利的自我保护，是指权利人自己采取各种合法手段来保护自己的权利不受侵犯。民事权利主体可以以法律许可的方式在法律允许的限度内保护自己的权利。例如，正当防卫、紧急避险、自助行为等。(阐述"私力救济"的含义，并列举私力救济的方式)

13. 简述民事法律事实的法律后果。

【解题步骤】

第一步：快速回忆民事法律事实的概念及相关要点。民事法律事实的后果包括引起民事法律关系的产生、变更、消灭，最后再补充事实构成的相关内容。

第二步：根据回忆的概念和要点进行拓展答题。

【参考答案】

民事法律事实，是指依法能够引起民事法律关系产生、变更和消灭的客观现象。(阐述"民事法律事实"的概念)

民事法律事实出现时，产生如下法律后果：

(1) 引起民事法律关系的产生，即民事法律事实的出现使当事人取得权利、承担义务。例如，签订买卖合同这一法律事实，使买方享有请求卖方交付标的物的权利和承担支付价款的义务，使卖方相应享有请求买方支付价款的权利和承担向买方交付标的物的义务。(阐述"引起民事法律关系的产生"的含义，并举例说明)

(2) 引起民事法律关系的变更，即民事法律事实的出现使已存在的民事法律关系的要素发生变化。因法律事实的出现而导致民事法律关系变更的情形通常包括：① 主体变更（权利主体或义务主体发生变化）；② 内容变更（主体享有的民事权利和承担的民事义务在范围和性质上发生变化）；③ 客体变更。(阐述"引起民事法律关系的变更"的含义，对其进行分类并举例说明)

(3) 引起民事法律关系的消灭，即民事法律事实的出现使主体之间的权利义务不再存在。民事法律关系的消灭有两种情形：一是一定法律事实的出现导致某一法律关系的消灭，并且在当事人之间不会因此而产生其他民事法律关系。例如，所有物被消费的，所有权关系因此被消灭。二是一定法律事实的出现导致某一法律关系的消灭，同时在当事人之间产生其他民事法律关系。例如，所有物被

157

他人毁灭的，所有权关系消灭，同时原所有权人和侵害人之间产生侵权之债的关系。（阐述"引起民事法律关系的消灭"的含义，并举例说明）

（4）民事法律关系的产生、变更和消灭，有时只需要一个法律事实，有时需要以两个或两个以上的法律事实的相互结合。例如，遗嘱继承法律关系，就需要立遗嘱的行为和遗嘱人死亡这两个法律事实才能够发生。这种引起民事法律关系的产生、变更或消灭的两个以上的法律事实的总和，称为"事实构成"。（阐述"事实构成"的含义，并举例说明）

14. 简述监护的概念及类型。

【解题步骤】

第一步：快速回忆监护的概念及相关要点。监护的类型包括法定监护、指定监护、遗嘱监护、协议监护、意定监护。

第二步：根据回忆的概念和要点进行拓展答题。

【参考答案】

监护是指为了监督和保护无民事行为能力人和限制民事行为能力人的合法权益而设置的一项民事法律制度。根据我国法律规定，监护主要包括未成年人监护和成年人监护。（阐述监护的概念及主要类型）

监护的类型包括：

（1）法定监护，即由法律直接规定的人担任监护人而形成的监护。法定监护包括对未成年人的监护与对不能辨认或不能完全辨认自己行为的成年人的监护。（阐述"法定监护"的含义）

（2）指定监护，即具有监护资格的人之间对担任监护人有争议，或者都要求担任监护人，或者都不愿意担任监护人，由有关组织和人民法院依法指定监护人而形成的监护。（阐述"指定监护"的含义）

（3）遗嘱监护，即被监护人的父母作为监护人通过遗嘱指定监护人的监护。

(阐述"遗嘱监护"的含义)

（4）协议监护，即具有监护资格的人协议确定由其中一人或数人担任监护人而形成的监护。(阐述"协议监护"的含义)

（5）意定监护，即具有完全民事行为能力的成年人，可以与其近亲属、其他愿意担任监护人的个人或者组织事先协商，以书面形式确定自己的监护人，协商确定的监护人在该成年人丧失或者部分丧失民事行为能力时履行监护的职责。(阐述"意定监护"的含义)

15. 简述法律意识的作用。

【解题步骤】

第一步：快速回忆法律意识的概念及相关要点。法律意识的作用包括立法者法律意识的作用、司法人员法律意识的作用、公民法律意识的作用。

第二步：根据回忆的概念和要点进行拓展答题。

【参考答案】

法律意识是社会意识的一种特殊形式，泛指人们对法律，特别是对本国现行法律的思想、观点、心理或态度等的总称。法律意识在很大程度上制约和影响着法律实践活动。(阐述法律意识的概念)

法律意识的作用包括：

（1）在法律创制的过程中，立法者的法律意识直接影响法律创制活动的效果。如果立法者能正确认识和反映一定社会关系的客观要求，有效地进行创制法律的活动，那么这样的法律就会促进经济的发展和社会的进步。(强调立法者法律意识的重要性，并阐述其意义)

（2）在法律适用的过程中，司法人员法律意识的水准对于适用法律的活动以及案件的审判影响很大，它直接关系到司法人员能否准确理解法律规范的精神实质，能否合法、公正地审理案件，能否有效地维护国家利益和公民权利。(强

调司法人员法律意识在法律适用中的作用，并阐述其意义）

（3）公民的法律意识水平直接影响公民守法的状态。（阐述公民法律意识对公民守法的作用）

16. 简述法的作用的局限性。

【解题步骤】

第一步：快速回忆法的作用的局限性的概念及相关要点。法律调整范围具有局限性、法与社会生活之间存在矛盾、法受人的因素影响、法受其他因素影响。

第二步：根据回忆的概念和要点进行拓展答题。

【参考答案】

法律调整的范围是有限的。法的特性与社会生活的现实之间存在矛盾，法的制定和实施受人的因素的制约。法的实施还受政治、经济、文化等社会因素的制约。（阐述法的作用的局限性的概念）

法的作用的局限性包括：

（1）法律调整的范围是有限的。国家用以调整社会关系的手段，除法律外，还有经济、政治、行政、思想道德、政策、纪律、习俗、舆论等多种手段。（联系相关因素阐述法律调整范围的局限性）

（2）法的特性与社会生活的现实之间存在矛盾。作为一种规范，法必然具有抽象性、稳定性等特征，而现实生活中的问题却是具体的、千姿百态和不断变化的。想制定出包罗万象、永久适用的法律只是一个幻想。（进一步阐述法的特性与社会生活之间存在的矛盾）

（3）法的制定和实施受人的因素的制约。法的制定与实施需要有良好法律素质和职业道德的专业队伍以及绝大多数社会成员的支持。（进一步阐述法律制定和实施受个人因素的影响）

（4）法的实施受政治、经济、文化等社会因素的制约。法总是十分依赖其外部条件,其作用总是容易受到社会因素的制约,例如经济体制、政治体制、执法机关的工作状况、传统法律文化,等等。(兜底条款,表明法律的局限性还受多方面因素的影响)

17. 简述法如何保障自由。

【解题步骤】

第一步:快速回忆自由的概念及相关要点。法律确认自由、法律保障自由。

第二步:根据回忆的概念和要点进行拓展答题。

【参考答案】

自由是指从受到束缚的状态之中摆脱出来,或不受约束的状态。法学上的自由是指主体的行为与法律的既有规定相一致或相统一。(阐述自由的一般概念以及法学上的自由的概念)

(1) 法律确认自由通常采用两种方式:① 以权利和义务来设定主体享有自由的范围。② 以权利和义务来设定主体自由的实现方式。(列举法律确认自由的方式)

(2) 法律保障自由的方式也是多样的:① 法律通过划定国家权力本身的合理权限范围,明确规定公权力正当行使的程序,排除各种非法妨碍。② 法律对每个主体享有的自由进行界定和限制,防止主体之间对各自自由的相互侵害。③ 法律禁止主体任意放弃自由。④ 法律为各种对主体自由的非法侵害确立救济手段与程序。(解释法律与自由的关系,并列举法律保障自由的方式)

18. 简述法的价值冲突的解决原则。

【解题步骤】

第一步:快速回忆法的价值冲突的概念及相关要点。法的价值冲突的解决原则包括价值位阶原则、个案平衡原则、比例原则、人民根本利益原则。

第二步:根据回忆的概念和要点进行拓展答题。

【参考答案】

法的各种价值包括基本价值之间有时会发生矛盾，从而导致价值之间的相互冲突。（阐述法的价值冲突的概念）

解决法的价值冲突的原则包括：

（1）价值位阶原则，即在同位阶的法律价值发生冲突时，在先的价值优于在后的价值。当基本价值与非基本价值之间发生冲突时，应以基本价值为优位；而基本价值之间有冲突时，人权和正义作为法治保障的核心和标尺，具有重要的价值地位。（阐述"价值位阶原则"的含义，并举例说明如何适用价值位阶原则）

（2）个案平衡原则，即在处于同一位阶上的法律价值之间发生冲突时，必须综合考虑主体之间的特定情形、需求和利益，便于个案的解决能够适当兼顾双方的利益。（阐述"个案平衡原则"的含义）

（3）比例原则，即为保护某种较为优越的法律价值须侵害某一法益时，不得逾越达此目的所必要的限度。如为了维护公共秩序，必要时可能会实行交通管制，但应尽可能实现最小损害或最少限制，以保障社会上人们的自由。（阐述"比例原则"的含义，并举例加以说明）

（4）人民根本利益原则，即以是否满足最广大人民的根本利益为标准，来解决一些存在法律价值冲突的重大疑难问题。（阐述"人民根本利益原则"的含义）

19. 简述法律规则的逻辑结构。

【解题步骤】

第一步：快速回忆法律规则的概念及相关要点。法律规则的逻辑结构包括假定条件、行为模式、法律后果。

第二步：根据回忆的概念和要点进行拓展答题。

【参考答案】

法律规则具有内在的严密的逻辑结构。传统观念认为，法律规则主要由假定条件、行为模式、法律后果三个要素组成。（阐述传统观念下法律规则的逻辑结构）

其逻辑结构包括：

（1）假定条件，是指法律规则中关于适用该规则的条件的规定，即法律规则在什么时间、空间对什么人适用以及在什么情境下对人的行为有约束力的问题。（进一步阐述"假定条件"的含义）

（2）行为模式，是指法律规则中关于行为的规定，即关于法律允许做什么、禁止做什么和必须做什么的规定，包括可为的模式、应为的模式和不得为的模式。（进一步阐述"行为模式"的含义，并说明行为模式的具体类型）

（3）法律后果，是指法律规则中对遵守规则或违反规则的行为予以肯定或否定评价的规定。（进一步阐述"法律后果"的含义）

20. 简述法律部门的特征。

【解题步骤】

第一步：快速回忆法律部门的概念及相关要点。各法律部门之间既统一又独立、内容确定又变动、既主观又客观。

第二步：根据回忆的概念和要点进行拓展答题。

【参考答案】

法律部门又称部门法，是指一个国家根据一定原则和标准划分的本国同类法律规范的总称。（阐述法律部门的概念）

其特征包括：

（1）构成一国法律体系的所有部门法是统一的，各个部门法之间是协调的。比如我国法律部门都是统一于宪法基础之上的。（强调各法律部门之间是

统一协调的)

(2) 各个法律部门之间既相互联系又相对独立,它们的内容是有区别的。(强调各法律部门之间有联系但又不完全一致)

(3) 各个法律部门的结构和内容基本上是确定的,但又是相对变动的。(强调各法律部门之间是相对变动的)

(4) 法律部门是主客观相结合的产物,一方面,法律部门的划分离不开客观的社会关系,它有客观的基础;另一方面,法律毕竟是人们尤其是立法者主观活动的产物,法律部门的划分又带有主观的因素。(强调法律部门具有主客观性)

21. 简述法律解释的类型。

【解题步骤】

第一步:快速回忆法律解释的概念及相关要点。根据主体和效力的不同,法律解释分为正式解释和非正式解释;根据尺度的不同,法律解释分为限制解释、扩充解释、字面解释。

第二步:根据回忆的概念和要点进行拓展答题。

【参考答案】

法律解释是指一定的人或组织对法律规定含义的说明。(阐述法律解释的概念)

其类型包括:

(1) 根据解释主体和效力的不同,法律解释可以分为正式解释与非正式解释两种。是否具有法律上的约束力是区别正式解释与非正式解释的关键。(依据解释主体和效力的不同对法律解释进行分类)① 正式解释,通常也叫法定解释,有时也称有权解释,是指由特定的国家机关、官员或其他有解释权的人对法律作出的具有法律约束力的解释。根据解释的国家机关的不同,法定解释又可以分为立法解释、司法解释和行政解释三种。(阐释正式解释的含义,并对正式解释进行分类）② 非正式解释，通常也叫学理解释，一般是指由学者或其他个人及组织对法律规定所作的不具有法律约束力的解释。这种解释是学术性或常识性的，不能作为执行法律的依据。（阐释"非正式解释"的含义，并对非正式解释进行分类）

（2）根据解释尺度的不同，法律解释可以分为限制解释、扩充解释与字面解释三种。（根据解释尺度的不同，对法律解释进行分类）① 限制解释是指在法律条文的字面含义明显比立法原意广时，作出比字面含义窄的解释。（阐释"限制解释"的含义）② 扩充解释是指在法律条文的字面含义显然比立法原意窄时，作出比字面含义广的解释。它始终必须以立法意图、目的和法律原则为基础。（阐释"扩充解释"的含义）③ 字面解释是指严格按照法律条文字面的通常含义解释法律，既不缩小，也不扩大。（阐释"字面解释"的含义）

22. 简述法治原则的内容和在我国宪法中的体现。

【解题步骤】

第一步：快速回忆法治原则的概念及相关要点。法治原则的内容主要包括宪法优位、法律保留、审判独立。

第二步：根据回忆的概念和要点进行拓展答题。

【参考答案】

在宪制之下，立法部门、行政机构以及司法部门的行为都应当以宪法和法律作为政府权力行使的根据和界限。国家治理必须依据宪法和法律。（阐述法治原则的概念）

（1）法治原则的内容包括：① 宪法优位，宪法是国家的最高法律，法律必须受宪法的约束。也就是说，人民代表大会及其常委会制定的法律，必须受到宪法的约束，而不能与宪法相抵触，否则无效，这就是宪法优位。为了确保一个国家法制的统一，宪法优位还进一步要求在行政与立法机关之间的关系上要遵循法律优位原则，也就是说行政机关的一切行政行为或其他活动都不得与法律相抵触。作为抽象行政行为的行政法规和行政规章必须在法律规定的范围之内作出。（阐述宪法的重要地位，并进一步解释"宪法优位"的含义）②法律保留，其基本含义是指公民基本权利的限制等专属立法事项，应当由立法机关通过制定法律来加以规定，行政机关不得代为规定，行政机关实施的行政行为必须要有法律的授权，不得与法律相抵触。（阐述"法律保留"的含义）③审判独立，即法官在审判案件时不受任何干涉或压迫，只服从于宪法和法律。（阐述"审判独立"的含义）

（2）法治原则在宪法中体现为：①《宪法》序言明确规定："本宪法以法律的形式确认了中国各族人民奋斗的成果，规定了国家的根本制度和根本任务，是国家的根本法，具有最高的法律效力。"（"宪法优位"的法条体现）②《宪法》第5条规定："中华人民共和国实行依法治国，建设社会主义法治国家。国家维护社会主义法制的统一和尊严。一切法律、行政法规和地方性法规都不得同宪法相抵触。一切国家机关和武装力量、各政党和各社会团体、各企业事业组织都必须遵守宪法和法律。一切违反宪法和法律的行为，必须予以追究。任何组织或者个人都不得有超越宪法和法律的特权。"（"法律保留"的法条体现）③《宪法》第131条规定："人民法院依照法律规定独立行使审判权，不受行政机关、社会团体和个人的干涉。"（"审判独立"的法条体现）

23. 简述人民代表大会制度的特点。

【解题步骤】

第一步：快速回忆人民代表大会制度的概念及相关要点。

第二步：根据回忆的概念和要点进行拓展答题。

【参考答案】

人民代表大会制度是马克思主义关于政权组织形式的基本理论同中国具体实

际情况相结合的产物，是人民通过选举的方式，选举代表组成各级国家权力机关，由各级国家权力机关产生其他国家机关，其他国家机关对权力机关负责，权力机关对人民负责的一种制度。人民代表大会制度是我国根本的政治制度。（阐述人民代表大会制度的概念及其地位）

其特点包括：① 人民代表大会制度的目标是规范国家权力和保障公民权利。（从人民代表大会制度的目标阐释其特点）② 人民代表大会在国家机关体系中居最高地位，其他机关由它产生，对它负责，受它监督。（从人民代表大会的地位阐释其特点）③ 人民代表大会制实行的是一院制。（从人民代表大会的制度模式阐释其特点）④ 人民代表是兼职代表。（从人民代表大会的工作方式阐释其特点）⑤ 在人民代表大会中设立常务委员会作为常设机关。（从人民代表大会的常设机关阐释其特点）

24. 简述我国选举制度的基本原则。

【解题步骤】

第一步：快速回忆选举制度的概念及相关要点。中国选举制度的基本原则包括普遍性原则、平等性原则、直接选举和间接选举并用原则、差额选举原则、秘密投票原则。

第二步：根据回忆的概念和要点进行拓展答题。

【参考答案】

选举制度是指国家通过法律规定选举代表机关代表和国家公职人员所应遵循的各项原则和制度的总称。（阐述选举制度的概念）

其基本原则包括：

（1）普遍性原则。在我国享有选举权的基本条件有三个：一是具有中国国籍，是中华人民共和国公民；二是年满18周岁；三是依法享有政治权利。（阐述普遍性原则，并解释享有选举权需具备的条件）

(2) 平等性原则。平等性原则是指在选举中，一切选民具有同等的法律地位，法律在程序上对所有的选民同等对待，选民所投的选票具有同等的法律效力。（阐述"平等原则"的含义）

(3) 直接选举和间接选举并用的原则。直接选举是指由选民直接投票选举人民代表大会代表的一种选举。间接选举是指由下一级人民代表大会代表选举上一级人民代表大会代表的一种选举。我国在县级以及县级以下实行直接选举，县级以上实行间接选举。（分别阐述"直接选举"和"间接选举"的含义及适用范围）

(4) 差额选举原则。所谓差额选举，则是指民意机关代表或公职人员选举中候选人的人数多于应选代表名额的选举。（阐述"差额选举"的含义）

(5) 秘密投票原则。秘密投票也称为"无记名投票"，与记名投票相对应，是选民不署自己的姓名，亲自书写选票并投入密封票箱的一种投票方法。（阐述"秘密投票"的含义）

25. 简述选举权的普遍性原则。

【解题步骤】

第一步：快速回忆选举权普遍性原则的概念及相关要点。享有选举权的条件、不享有选举权的范围。

第二步：根据回忆的概念和要点进行拓展答题。

【参考答案】

选举权的普遍性实际上就是享有选举权的主体的范围问题，即公民享有选举权的广泛程度。（阐述"选举权普遍性"的含义）

(1) 根据《宪法》和《全国人民代表大会和地方各级人民代表大会选举法》的规定，凡年满18周岁的中华人民共和国公民，除被依法剥夺政治权利的人外，不分民族、种族、性别、职业、家庭出身、宗教信仰、教育程度、财产状况和居

住期限，都有选举权和被选举权。（阐述选举权普遍性的法条规定）

（2）在我国享有选举权的基本条件有三个：一是具有中国国籍，是中华人民共和国公民；二是年满18周岁；三是依法享有政治权利。（进一步阐述享有选举权的基本条件）

（3）对于被判处有期徒刑、拘役、管制而没有附加剥夺政治权利的人，对于被羁押，正在接受侦查、起诉、审判，人民检察院或者人民法院没有决定停止其行使选举权利的人，被取保候审、被监视居住、正在受拘留处罚的，均准予其行使选举权。（阐述刑事领域选举权的适用）

26. 简述宪法与依宪治国的关系。

【解题步骤】

第一步：快速回忆依宪治国的概念及相关要点。依宪治国与宪法的关系、依宪治国的重要性。

第二步：根据回忆的概念和要点进行拓展答题。

【参考答案】

坚持依法治国首先要坚持依宪治国，坚持依法执政首先要坚持依宪执政。我国现行宪法确立的一系列制度、原则和规则，制定的一系列大政方针，都充分反映了我国各民族的共同意志和根本利益。维护宪法尊严和权威，是维护国家法制统一、尊严、权威的前提，也是维护最广大人民根本利益、确保国家长治久安的重要保障。全国各族人民、一切国家机关和武装力量、各政党和各社会团体、各企业事业组织，都必须以宪法为根本的活动准则，并且负有维护宪法尊严、保证宪法实施的职责。任何组织或者个人，都不得有超越宪法和法律的特权。一切违反宪法和法律的行为，都必须予以追究。（阐述依宪治国的含义）

宪法与依宪治国的关系为：

（1）宪法与依宪治国互为基础和前提，是形式和内容的关系，两者是辩证

统一的。宪法是国家的根本法，具有最高效力。宪法的生命在于实施，宪法的权威也在于实施。（阐述宪法与依宪治国的相互关系）

（2）唯有依宪治国，方能使宪法真正成为现实力量，保证任何组织和个人都不得有超越宪法和法律的特权，保证"一切违反宪法的行为都必须予以追究"。只有坚持依法治国基本方略和依宪执政基本方式，使执政党在宪法和法律范围内活动，真正做到党领导立法、保证执法、带头守法，才能使宪法成为所有国家机关及其工作人员的最高行为准则。（进一步阐述依宪治国的重要性，举例党要发挥先锋作用）

（3）依宪治国，必须坚持中国特色社会主义道路，坚持党的领导、坚持人民当家作主。保证宪法实施，就是保证人民根本利益的实现。依宪治国是宪法规范与宪法实施的政治实践相结合的产物。宪法是静态意义的法律文本；依宪治国是动态性质的实践过程，也是宪法实现的最终结果。（进一步阐述如何坚持依宪治国）

27. 简述中国共产党领导的多党合作和政治协商制度的内容。

【解题步骤】

第一步：快速回忆中国共产党领导的多党合作和政治协商制度的概念及相关要点。中国共产党和各民主党派之间的关系、双方的地位。

第二步：根据回忆的概念和要点进行拓展答题。

【参考答案】

中国共产党领导的多党合作和政治协商制度是中华人民共和国的一项基本的政治制度，是具有中国特色的政党制度。（阐述中国共产党领导的多党合作和政治协商制度的地位）

其内容包括：

（1）中国共产党在国家政权中居领导地位。中国共产党对各民主党派的领导主要表现为政治领导，而不是对其发号施令。（阐述"中国共产党领导"的含义）

(2) 各民主党派参政、议政。各民主党派不是共产党的下级组织，而是与共产党一起参与国家政权和社会主义事业的建设工作，在法律上享有政治自由、组织独立和法律地位平等。（阐述各民主党派"参政、议政"的含义）

(3) 中国共产党与各民主党派的关系不是执政党与反对党的关系，也不存在轮流执政的问题，但各民主党派对中国共产党具有重要的监督作用。（阐述中国共产党和各民主党派的关系）

(4) 中国人民政治协商会议是我国多党合作和政治协商的重要形式。（进一步阐述政协会议和多党合作、政治协商的关系）

28. 简述民族区域自治制度的特征。

【解题步骤】

第一步：快速回忆民族区域自治制度的概念及相关要点。建立民族自治地方需以宪法和法律为依据，设立民族自治的限制条件，民族区域自治制度的内容。

第二步：根据回忆的概念和要点进行拓展答题。

【参考答案】

民族区域自治，就是在国家的统一领导下，依照宪法、民族区域自治法和其他法律的有关规定，以各少数民族聚居区为基础建立民族自治地方，设立自治机关，行使自治权。（阐述民族区域自治的概念）

其特征包括：① 建立民族自治地方必须以宪法和法律为依据，在国家领导下统一进行，而不可各自为政、擅自设立。（阐述民族区域自治与宪法和法律的关系）② 建立民族自治地方要以少数民族聚居地区为基础，绝不能在散居民族区域设立。（进一步阐述设立民族自治地方的限定条件）③ 民族区域自治的内容就是设立自治机关，行使自治权，切实保障少数民族当家作主，享有管理本民族内部事务和本地区地方事务的权利。（阐述民族区域自治的内容）

29. 简述礼与刑的关系。

【解题步骤】

第一步：快速回忆礼与刑的概念及相关要点。礼与刑的关系，礼与刑在作用、适用原则上的不同。

第二步：根据回忆的概念和要点进行拓展答题。

【参考答案】

古代的礼有两层含义：一是抽象的精神原则，二是具体的礼仪形式。（阐述古代"礼"的含义）

礼与刑的关系包括：

（1）礼与刑的关系几乎贯穿中国古代法制史的始终，西周时期两者的关系更为密切，可谓互为表里，相辅相成，共同构成先秦法制的完整体系。（阐述礼与刑的关系）

（2）礼与刑的作用不相同。礼是要求人们自觉遵守的积极规范，侧重于预防；刑是对犯罪行为的制裁，侧重于事后的处罚。礼重视道德教化，刑着重于惩罚制裁。如道德教化不成，对于严重违礼的行为则要使用刑罚，即所谓"礼之所去，刑之所取，失礼则入刑，相为表里者也"。（阐述礼与刑作用上的不同，并举例说明）

（3）礼与刑的适用原则不同。"礼不下庶人，刑不上大夫"，体现的是西周宗法体制下的等级特权制度，也是后世法律的重要原则。（阐述礼与刑适用原则上的不同，并强调礼的重要地位）

30. 简述汉朝的主要法律形式。

【解题步骤】

第一步：快速回忆汉朝法律形式的概念及相关要点。汉朝的主要法律形式包括律、令、科、比。

第二步：根据回忆的概念和要点进行拓展答题。

【参考答案】

两汉时期，以律、令、科、比为主要法律形式。（列举汉朝主要法律形式）

（1）律，是汉朝的基本法律形式，包括以刑事规范维护的具有普遍性和稳定性的成文法，如《汉律》60篇以及《左官律》《酎金律》《上计律》等大量单行法律。（阐述在汉朝"律"的主要含义，并举例加以说明）

（2）令，是皇帝随时发出的诏令或者由臣下提出经皇帝批准的立法建议，涉及面广，法律效力高于律，是汉朝重要的法律形式。令可以起到增补和修改的作用。由于诏令的发布往往比较随意，其数量不断增多。（阐述"令"的主要含义，并强调其法律效力高）

（3）科，从"课"发展而来，是律以外规定犯罪与刑罚以及行政管理方面的单行法规，也称"事条""科条"。至东汉，大量种类繁多的科条，造成"科条无限"的混乱局面。（阐述"科"的含义，并说明其产生的问题）

（4）比，又称"决事比"，是指在律无正条时比照援引典型判例作为裁断案件的依据。由于比具有灵活性和针对性，故被广泛应用，至汉武帝时仅"死罪决事比"即达13000余条。由于"比"方便灵活，数量极多又缺乏整理，未能统一适用，以致"罪同论异"，奸猾之吏于是上下其手，"所欲活则傅生议，所欲陷则予死比"。（阐述"比"的含义，并说明其重要性和存在的弊端）

31. 简述唐朝关于自首的规定。

【解题步骤】

第一步：快速回忆唐朝自首的概念及相关要点。区分自首与自新，解释自首不实和自首不尽。

第二步：根据回忆的概念和要点进行拓展答题。

【参考答案】

(1) 严格区分自首与自新的界限。以犯罪未被举发而能到官府交代罪行的，称作"自首"，自首者不追究其刑事责任。犯罪被揭发，或被官府查知逃亡后再投案者，称作自新。自新是被迫的，与自首性质不同。唐律对自新采取减轻刑事处罚的原则。(分别阐述"自首"与"自新"的含义，并对二者加以区分)

(2) 不是所有犯罪都可享受自首的待遇。对侵害人身、毁坏贵重物品、偷渡关卡、私习天文等犯罪，即便投案也不能按自首处理。因为这些犯罪的后果已不能挽回。(进一步阐述自首的适用范围)

(3) 自首者虽然可以免罪，但赃物须按规定如数偿还，以防止自首者非法获财。(强调自首所获赃物要如数归还)

(4) 对自首不彻底行为作了严格规定。对犯罪分子交代犯罪性质不彻底的，称"自首不实"；对犯罪情节不作彻底交代的，称"自首不尽"。凡"自首不实及自首不尽者"，各依"不实不尽之罪罪之。至死者，听减一等"。如实交代的部分，不再追究。此外还规定，轻罪已发，能首重罪者，免其重罪；审问他罪而能自首余罪者，免其余罪。(阐述"自首不实"和"自首不尽"的含义，及相关规定)

32. 简述汉代文景时期刑制改革的内容。

【解题步骤】

第一步：快速回忆汉代文景时期改革的相关要点。文景时期改革的内容及其进步意义。

第二步：根据回忆的概念和要点进行拓展答题。

【参考答案】

(1) 汉文帝时期的刑制改革：① 汉文帝时期约法省刑政策的推行，使经济持续发展，社会稳定，为改革刑制提供了基本条件。促成汉文帝进行刑制改革的直接原因是缇萦上书。（阐述汉文帝改革的直接原因）② 汉文帝十三年（公元前167年）下令除肉刑，把黥刑（墨刑）改为髡钳城旦舂，改劓刑为笞刑三百，改斩左趾为笞刑五百，改斩右趾为弃市刑，意在从法律上废除肉刑，减轻刑罚的残酷程度。（阐述汉文帝刑制改革的内容）③ 但在司法实践中弊端很多：一是扩大了死刑范围，如斩右趾改为弃市死刑；二是出现变相死刑，劓刑、斩左趾因笞数太多，受刑者难保性命，造成"外有轻刑之名，内实杀人"的后果。（进一步阐述汉文帝刑制改革的弊端）

（2）汉景帝时期的刑制改革：① 两次减少笞刑数目：第一次，将笞三百改为笞二百，笞五百改为笞三百。第二次，又分别减笞三百为笞二百，笞二百为笞一百。② 颁定《箠令》，规定笞杖规格、受刑部位以及行刑不得中途换人等。（阐述汉景帝刑制改革的内容）

（3）文景时期刑制改革的意义：文景时期的刑制改革顺应了历史发展，使以肉刑为主的刑制摆脱了原始形态，刑罚的残酷程度大为减轻，刑罚制度趋于规范，为后世五刑体系的建立奠定了基础。（强调文景时期刑制改革的进步意义）

33. 简述唐代的保辜制度。

【解题步骤】

第一步：快速回忆唐代保辜制度的概念及相关要点。保辜制度如何适用及其重要性。

第二步：根据回忆的概念和要点进行拓展答题。

【参考答案】

（1）所谓保辜，即在伤害行为发生后，确定一定的期限，期满之日根据被害人的死伤情况决定加害人所应承担的刑事责任。（阐述"保辜"的含义）

（2）在法定的期限内加害人可积极救助被害人，在挽救被害人生命的同时减轻自己的罪责。保辜的期限根据伤害的方式和程度而定，辜限内被害人死亡

的,以杀人罪论处;在辜限外死亡或虽在辜限内而以他因死者,以伤害罪论。*(进一步阐述保辜制度下犯罪人可能会定何种罪行)*

(3)保辜制度力求准确认定加害人的法律责任,使之罪刑相应;同时要求行为人在法定的期限内积极对被害人施救,以减轻自身的法律责任,这对减轻犯罪后果、缓和社会矛盾起到了良好作用。*(强调保辜制度的重要性及其积极意义)*

34. 简述《大清会典》的特点。

【解题步骤】

第一步:快速回忆《大清会典》的概念及相关要点。《大清会典》在内容上、编撰体例上都有特点,有进步意义。

第二步:根据回忆的概念和要点进行拓展答题。

【参考答案】

为了规范国家机关的组织活动,加强行政管理,提高统治效能,清政府仿效明朝,先后编制了《康熙会典》《雍正会典》《乾隆会典》《嘉庆会典》《光绪会典》,合称"五朝会典",统称《大清会典》。*(阐述《大清会典》的概念)*

其特点包括:

(1)在内容上,《大清会典》详细记载清朝各级国家机关的职掌、事例、活动规则与有关的制度。*(阐述《大清会典》在内容上的特点)*

(2)在编纂上,遵循"以典为纲,以则例为目"的原则。典、例分别编辑遂成固定体例。"会典"所载,一般为国家基本制度,少有变动;具体的变更,则在增修则例中完成。*(进一步阐述《大清会典》在编撰上的特点)*

(3)最后一部《光绪会典》增设了总理各国事务衙门的机构和权限,体现了近代行政体制的变化。*(强调《大清会典》的进步意义)*

(4)《大清会典》是清朝行政立法的总汇,反映了清朝立法上的重要成就,

也是中国古代行政立法的完备形态。(进一步强调《大清会典》的历史地位)

35. 简述《大清新刑律》的特点。

【解题步骤】

第一步：快速回忆《大清新刑律》的概念及相关要点。《大清新刑律》在体例上、内容上较传统旧刑律有所改进，引入了西方先进的刑法原则，具有进步意义。

第二步：根据回忆的概念和要点进行拓展答题。

【参考答案】

《大清新刑律》是清政府于1911年1月公布的中国历史上第一部近代意义上的专门刑法典。(阐述《大清新刑律》的概念及地位)

其特点包括：

(1) 在体例上抛弃了以往旧律"诸法合体"的编纂形式，采用近代西方刑法典的体例，将法典分为总则与分则两部分。总则规定了犯罪和刑罚的一般原则及刑法的适用范围；分则以罪名为章名，规定了犯罪的构成和法定量刑幅度。(阐述《大清新刑律》在体例上的进步性，并举例)

(2) 采用近代刑罚体系，规定刑罚分为主刑和从刑两种。主刑包括死刑(仅绞刑一种)、无期徒刑、有期徒刑、拘役、罚金，从刑包括褫夺公权和没收两种。(分别列举《大清新刑律》主刑和从刑的类型)

(3) 引入了西方的刑法原则和刑法学的通用术语。如罪刑法定主义原则，法律面前人人平等原则，取消了十恶、八议、官当以及按官秩、良贱、服制等适用刑律原则；采用西方国家通用的既遂、未遂、缓刑、假释、时效、正当防卫等制度和术语。在各省设感化院，对少年犯改用惩治教育。(进一步阐述《大清新刑律》的进步意义)

(4) 调整了部分罪名。如将谋反罪改为内乱罪，新增有关国交、外患、电

讯、交通、卫生等罪名。（阐述《大清新刑律》调整的部分罪名）

第二节 案例分析题刻意练习答案解析

1. 【参考答案】

（1）甲和乙构成挪用公款罪。（结论先行）根据刑法及司法解释的规定，国家工作人员利用职务上的便利，挪用公款，数额巨大，且超过3个月未归还的，构成挪用公款罪。（大前提：法律规定）在本案中，甲利用主管业务便利，将本单位公款300万元借给张某公司使用，乙为掩盖借300万元给他人使用的事实，制作了金额50万美元的虚假信用证材料，且符合共同犯罪的构成要件。（小前提：案件事实）因此，甲和乙共同构成挪用公款罪。（再说一遍结论）

（2）①甲和乙构成共同犯罪，甲起主要作用，是主犯，乙起次要作用，是从犯。（结论先行）《刑法》第26条第1款规定："组织、领导犯罪集团进行犯罪活动的或者在共同犯罪中起主要作用的，是主犯。"第27条规定："在共同犯罪中起次要或者辅助作用的，是从犯。对于从犯，应当从轻、减轻处罚或者免除处罚。"（大前提：法律规定）在本案中，甲乙构成共同犯罪，甲起主要作用，是主犯，乙起次要作用，是从犯。（小前提：案件事实）因此，对于乙应当从轻、减轻处罚或者免除处罚。（再说一遍结论）

②乙成立自首与重大立功。（结论先行）《刑法》第67条第1款规定："犯罪以后自动投案，如实供述自己的罪行的，是自首。对于自首的犯罪分子，可以从轻或者减轻处罚。其中，犯罪较轻的，可以免除处罚。"第68条规定："犯罪分子有揭发他人犯罪行为，查证属实的，或者提供重要线索，从而得以侦破其他案件等立功表现的，可以从轻或者减轻处罚；有重大立功表现的，可以减轻或者免除处罚。"（大前提：法律规定）在本案中，乙在单位向其询问时，交代了全

部犯罪事实，视为自动投案，且如实供述全部罪行，成立自首。到案后，乙协助侦查机关抓捕重大案件嫌疑人甲（因甲挪用公款数额巨大不退还），成立重大立功。（小前提：案件事实）因此，乙构成自首与重大立功。（再说一遍结论）

③ 甲成立坦白。（结论先行）《刑法》第 67 条第 3 款规定："犯罪嫌疑人虽不具有前两款规定的自首情节，但是如实供述自己罪行的，可以从轻处罚；因其如实供述自己罪行，避免特别严重后果发生的，可以减轻处罚。"（大前提：法律规定）在本案中，甲被抓获后，如实供述自己的罪行，成立坦白。（小前提：案件事实）因此，甲成立坦白。（再说一遍结论）

2.【参考答案】

（1）甲构成盗窃罪、强奸罪，乙构成强奸罪，丙构成盗窃罪。（结论先行）实行过限，是指在共同犯罪中，原共同犯罪中某一或数个共同犯罪人，实施了超过原共同谋定的故意范围以外的犯罪行为。实行过限的犯罪行为由过限行为实施者自己承担，对过限行为没有共同故意的原共同犯罪人，不对过限行为负刑事责任。（大前提：法律概念）甲纠集乙、丙入户盗窃，三人形成共同故意并共同实施了盗窃行为，其中甲是实行犯，丙是帮助犯，乙因不满 16 周岁，不构成盗窃罪的共同犯罪。甲、乙构成强奸罪的共同犯罪。甲以默示方式与乙形成实施强奸的事中故意，于乙之后对受害人实施强奸行为，构成强奸罪的共同犯罪。由于强奸超出了原来共同盗窃的故意，丙与甲、乙不构成强奸罪的共同犯罪。（小前提：案件事实）因此，甲构成盗窃罪、强奸罪，乙构成强奸罪，丙构成盗窃罪。（再说一遍结论）

（2）① 甲在盗窃罪中是主犯。甲在强奸罪中具有轮奸这一法定加重处罚情节。② 乙在强奸罪中具有犯罪时不满 18 周岁这一法定从轻或减轻情节，同时具有轮奸这一法定加重处罚情节。③ 丙在盗窃罪中具有从犯这一法定从轻、减轻或免除处罚情节，以及犯罪时不满 18 周岁这一法定从轻或减轻处罚情节。

3. 【参考答案】

（1）甲应认定为贪污罪。（结论先行）《刑法》第382条第1、2款规定："国家工作人员利用职务上的便利，侵吞、窃取、骗取或者以其他手段非法占有公共财物的，是贪污罪。受国家机关、国有公司、企业、事业单位、人民团体委托管理、经营国有财产的人员，利用职务上的便利，侵吞、窃取、骗取或者以其他手段非法占有国有财物的，以贪污论。"（大前提：法律规定）在本案中：①甲利用管理学校财务的职务便利，侵吞乙归还的15万元公款，符合贪污罪的客观要件；②甲被聘为学校会计，属于受国有事业单位委托管理公共财产的人员，具备贪污罪的主体身份；③甲采取虚列支出平账的方式侵吞公款，表明主观上具有非法占有公共财物的目的，符合贪污罪的主观要件。（小前提：案件事实）因此，甲构成贪污罪。（再说一遍结论）

（2）乙应认定为挪用公款罪。（结论先行）《刑法》第384条第1款规定："国家工作人员利用职务上的便利，挪用公款归个人使用，进行非法活动的，或者挪用公款数额较大、进行营利活动的，或者挪用公款数额较大、超过三个月未还的，是挪用公款罪……"（大前提：法律规定）在本案中：①乙利用校长职权，指使不知情的甲挪用公款，供亲友使用，进行营利活动，符合挪用公款罪的客观要件；②乙是学校校长，属于国家工作人员，具备挪用公款罪的主体身份；③乙归还了所挪用的公款，说明其不具备非法占有的目的，符合挪用公款罪的主观要件。（小前提：案件事实）因此，乙构成挪用公款罪。（再说一遍结论）

（3）①甲具有自首的法定量刑情节。（结论先行）《刑法》第67条第1款规定："犯罪以后自动投案，如实供述自己的罪行的，是自首。对于自首的犯罪分子，可以从轻或者减轻处罚。其中，犯罪较轻的，可以免除处罚。"（大前提：法律规定）在本案中，甲向审计机关主动交代了贪污的事实，符合自首的规定，属于法定量刑情节。（小前提：案件事实）因此，甲具有自首的法定量刑情节。

（再说一遍结论）②甲具有积极退赃的酌定量刑情节。（结论先行）甲退还了15万元，应认定为积极退赃，属于酌定量刑情节。

4.【参考答案】

（1）既遂。（结论先行）《刑法》规定，以勒索财物为目的绑架他人的，或者绑架他人作为人质的，构成绑架罪。（大前提：法律规定）本案中甲、乙已经实施了对赵某的绑架行为，剥夺其人身自由，并且向第三人提出勒索财物的要求，即使没有勒索到财物，也构成既遂。（小前提：案件事实）因此，甲、乙的行为构成绑架罪的既遂。（再说一遍结论）

（2）构成抢劫罪。（结论先行）《刑法》规定，以暴力、胁迫或者其他方法抢劫公私财物的，构成抢劫罪。（大前提：法律规定）在本案中，甲、乙以非法占有为目的，采用暴力手段，强行取得赵某的银行卡及密码，获得4万元，构成抢劫罪。（小前提：案件事实）因此，甲、乙取出4万元的行为构成抢劫罪。（再说一遍结论）

（3）对甲、乙应以抢劫罪和绑架罪中的一个重罪定罪处罚。（结论先行）最高人民法院《关于审理抢劫、抢夺刑事案件适用法律若干问题的意见》第9条第3款规定，"绑架过程中又当场劫取被害人随身携带财物的，同时触犯绑架罪和抢劫罪两罪名，应择一重罪定罪处罚"。（大前提：法律规定）在本案中，甲、乙先绑架赵某，后又将其随身携带的银行卡抢走，既构成绑架罪又构成抢劫罪，属于想象竞合犯，应当择一重罪定罪处罚。（小前提：案件事实）因此，对甲、乙应当以绑架罪和抢劫罪择一重罪处罚。（再说一遍结论）

5.【参考答案】

（1）事实一所述行为构成骗取贷款罪。（结论先行）《刑法》第175条之一第1款规定，以欺骗手段取得银行或者其他金融机构贷款、票据承兑、信用证、保函等，给银行或者其他金融机构造成重大损失或者有其他严重情节的，构成骗取贷款罪。（大前提：法律规定）在本案中：① 该行为妨害了金融管理秩序，侵犯了银行的合法权益；② 甲、乙、丙虚构产权担保，骗取银行500万元贷款，用于公司经营，造成银行500万元贷款的本息无法追回，损失重大，符合骗取贷款罪的客观要件；③ 甲、乙、丙实施的行为，不是为了非法占有，而是为了单位的经营，因此主观上缺乏非法占有的目的，符合骗取贷款罪的主观要件；④ 事实一表明，甲、乙、丙谋议后骗取贷款的行为，体现单位意志，且是为了公司利益，刑法也规定了单位骗取贷款罪的刑事责任，因此应将事实一的行为主体认定为单位，而甲、乙、丙是单位犯罪的直接责任人。（小前提：案件事实）因此，事实一所述行为构成骗取贷款罪。（再说一遍结论）

（2）丙携款潜逃的行为构成职务侵占罪。（结论先行）《刑法》第271条第1款规定："公司、企业或者其他单位的工作人员，利用职务上的便利，将本单位财物非法占为己有，数额较大的，处三年以下有期徒刑或者拘役，并处罚金；数额巨大的，处三年以上十年以下有期徒刑，并处罚金；数额特别巨大的，处十年以上有期徒刑或者无期徒刑，并处罚金。"（大前提：法律规定）在本案中：① 该行为侵犯了公司的财产所有权；② 丙利用了职务上的便利，窃取公司财产，数额特别巨大；③ 丙是具有责任能力的自然人主体，同时是非国有企业的管理人员；④ 丙的行为表现出主观上具有故意和非法占有公司财产的目的。（小前提：案件事实）因此，丙携款潜逃的行为构成职务侵占罪。（再说一遍结论）

6. 【参考答案】

甲不构成犯罪，乙构成盗窃罪、放火罪，对乙以盗窃罪与放火罪进行数罪并罚。（结论先行）

盗窃罪是指以非法占有为目的，盗窃公私财物数额较大的，或者多次盗窃、入户盗窃、携带凶器盗窃、扒窃的行为。盗窃罪的刑事责任年龄是16周岁以上。

放火罪是指故意放火焚烧公私财物，危害公共安全的行为。（大前提：法律概念）

（1）甲不构成盗窃罪，乙构成盗窃罪：① 乙是商场的售货员，具有一定的职务便利，但由于乙是晚上采取撬门的方式进入的，并没有利用售货员职务之便，因此其盗窃行为构成盗窃罪而非职务侵占罪。② 甲不满16周岁，乙已满16周岁，因而甲对其盗窃行为不负刑事责任，而乙应当对其盗窃行为负刑事责任。

（2）甲不构成放火罪，乙构成放火罪：① 乙为破坏现场插上电炉并放上纸箱的行为，导致商场被焚毁，其纵火的主观故意是十分明显的，因此乙的行为构成放火罪。② 甲在乙放火时并不知道乙在实施放火行为，甲并没有放火的主观故意，因此甲不构成放火罪。

（3）虽然甲不负刑事责任，但对甲应当责令其家长或者监护人严加管教；如果有必要，也可以由政府专门矫治教育。

（4）对乙应当以盗窃罪和放火罪实行数罪并罚。

综上，甲不构成犯罪，乙构成盗窃罪、放火罪，对乙以盗窃罪与放火罪进行数罪并罚。（再说一遍结论）

7.【参考答案】

（1）贾某构成抢劫罪，不另定故意杀人罪或故意伤害罪，应以抢劫罪承担刑事责任。（结论先行）《刑法》第263条规定，以暴力、胁迫或者其他方法抢劫公私财物的，处3年以上10年以下有期徒刑，并处罚金；抢劫致人重伤、死亡的，处10年以上有期徒刑、无期徒刑或者死刑，并处罚金或者没收财产。（大前提：法律规定）在本案中，贾某用木棒打击刘某的头部，是为了抢劫刘某身上的财物，这种暴力行为属于抢劫罪的犯罪手段，不另定故意杀人罪或故意伤害罪。（小前提：案件事实）因此，贾某构成抢劫罪。（再说一遍结论）

（2）李某不构成犯罪，不承担刑事责任。（结论先行）不作为犯罪，是指行为人违反法律的直接规定，负有法定义务而拒绝履行，情节严重或情节恶劣的行为。不作为义务的来源有：法律的明文规定，职务或业务要求的作为义务，法律行为引起的义务，先行行为产生的作为义务。（大前提：法律概念）在本案中，李某参与了对刘某的救助活动，但不能仅仅依此认定其已被法律赋予了救助到底的义务。实际上，通过李某的参与，原本处于偏僻角落的刘某最终到了傅某的出租车上，应当说刘某的处境已经得到了明显好转。另一方面，李某的救助也没有排除其他人救助刘某的可能性，恰恰相反，依照一般人的看法，刘某遇救的可能性实际上大大提高了。（小前提：案件事实）因此，不能认定李某成立不作为的故意杀人罪。（再说一遍结论）

（3）杜某不构成犯罪。（结论先行）不作为义务的来源有：法律的明文规定，职务或业务要求的作为义务，法律行为引起的义务，先行行为产生的作为义务。（大前提：法律概念）在本案中，杜某并未参与对刘某的救助活动。法律也并未规定出租车司机必须对受伤的人进行救助。所以，可以从道义上谴责杜某，但绝不能认定杜某构成犯罪。（小前提：案件事实）因此，杜某不构成犯罪。（再说一遍结论）

（4）傅某的行为构成不作为的故意杀人罪。（结论先行）不作为义务的来源有：法律的明文规定，职务或业务要求的作为义务，法律行为引起的义务，先行行为产生的作为义务。（大前提：法律概念）在本案中，傅某参与了对刘某的救助，尽管参与的方式多少有些不自愿，但通过傅某的参与，刘某的处境变得更糟，同时他的救助也剥夺了其他人救助刘某的机会，所以应当认定其未能履行其先前行为引起的作为义务。（小前提：案件事实）因此，傅某构成了不作为的故意杀人罪。（再说一遍结论）

8.【参考答案】

（1）①甲的行为构成盗窃罪。（结论先行）共同犯罪是指两人以上共同故意犯罪。（大前提：法律规定）在本案中，甲在盗窃犯丁盗窃财物前，同意提供场所隐匿赃物，主观上是明知，属于事前通谋的共同犯罪；在客观上，丁盗窃后，甲积极配合，晚上留门，共同隐匿赃物。在丁被抓获后，甲又偷偷将赃物转移、销售，其行为表面上看仅是窝赃、销赃，而实质上属于事前通谋的共同盗窃行为。(小前提：案件事实) 因此，甲的行为构成盗窃罪，是盗窃犯丁的同案共犯。(再说一遍结论)

② 甲的行为不构成自首。(结论先行) 根据刑法及有关司法解释规定，共同犯罪人成立自首，除了如实供述自己的罪行外，还必须如实供述其所知道的同案犯共同犯罪的事实，否则不构成自首。(大前提：法律规定) 甲虽然供述了自己窝藏、销售赃物的事实，但并没有交代同案犯丁的犯罪事实。(小前提：案件事实) 因此，甲不构成自首。(再说一遍结论)

(2) ① 乙构成掩饰、隐瞒犯罪所得、犯罪所得收益罪。(结论先行)《刑法》第312条规定，明知是犯罪所得及其产生的收益而予以窝藏、转移、收购、代为销售或者以其他方法掩饰、隐瞒的，构成掩饰、隐瞒犯罪所得、犯罪所得收益罪。(大前提：法律规定) 在本案中，乙在丁盗窃之前并不知道丁盗窃行为的存在，只是在丁盗窃财物之后才知道的，因此乙不构成盗窃罪的共犯。但由于其主观上明知所协助隐匿和销售的是赃物，(小前提：案件事实) 因此乙构成掩饰、隐瞒犯罪所得、犯罪所得收益罪。(再说一遍结论)

② 乙的行为构成自首和立功。(结论先行)《刑法》规定，犯罪以后自动投案，如实供述自己的罪行的，是自首。犯罪分子有揭发他人犯罪行为，查证属实的，或者提供重要线索，从而得以侦破其他案件等立功表现的，可以从轻或者减轻处罚；有重大立功表现的，可以减轻或者免除处罚。(大前提：法律规定) 在本案中，乙在公安机关不仅供述了自己的罪行，还供述了同案犯丙和丁的犯罪事实。(小前提：案件事实) 因此，乙构成了自首和立功，可以从轻或者减轻处罚。(再说一遍结论)

(3) 丙构成掩饰、隐瞒犯罪所得、犯罪所得收益罪。（结论先行）《刑法》规定，明知是犯罪所得及其产生的收益而予以窝藏、转移、收购、代为销售或者以其他方法掩饰、隐瞒的，构成掩饰、隐瞒犯罪所得、犯罪所得收益罪。（大前提：法律规定）本案中，丙是在甲、乙完成窝藏行为之后，才参与到犯罪行为之中的，此时盗窃罪已经结束，因此他只对帮助销售赃物的行为负责。（小前提：案件事实）因此，丙构成掩饰、隐瞒犯罪所得、犯罪所得收益罪。（再说一遍结论）

9. 【参考答案】

(1) ① 李某的行为构成盗窃罪和抢劫罪，实行数罪并罚。（结论先行）《刑法》规定，以暴力、胁迫或者其他方法抢劫公私财物的，构成抢劫罪。盗窃公私财物，数额较大的，或者多次盗窃、入户盗窃、携带凶器盗窃、扒窃的，构成盗窃罪。（大前提：法律规定）在本案中，李某先后盗窃十余次，数额达到5万余元，构成盗窃罪。李某与王某共同抢劫，构成抢劫罪的共同犯罪。但是由于王某为灭口杀害被抢劫人时，李某不知情且已离开，王某的行为属于共同犯罪实行过限行为，对此行为，李某不负责任。（小前提：案件事实）因此，李某只构成盗窃罪与抢劫罪，数罪并罚。（再说一遍结论）

王某构成抢劫罪与故意杀人罪，实行数罪并罚。（结论先行）《刑法》规定，以暴力、胁迫或者其他方法抢劫公私财物的，构成抢劫罪。行为人为劫取财物而预谋故意杀人，或者在劫取财物过程中，为制服被害人反抗而故意杀人的，以抢劫罪定罪处罚。行为人实施抢劫后，为灭口而故意杀人的，以抢劫罪和故意杀人罪定罪，实行数罪并罚。（大前提：法律规定）在本案中，王某抢劫后又杀人灭口，成立故意杀人罪。（小前提：案件事实）因此，对王某以抢劫罪和故意杀人罪实行数罪并罚。（再说一遍结论）

② 李某和王某构成抢劫罪的共同犯罪。（结论先行）共同犯罪是指两人以上共同故意犯罪。（大前提：法律规定）本案中，李某伙同王某到某厂职工宿舍抢

劫的行为构成抢劫罪（小前提：案件事实），属于二人共同故意犯罪。（再说一遍结论）

(2) ① 李某如实供述司法机关还未掌握的本人罪行，符合自首的条件，应当认定为自首，对其可以从轻或减轻处罚。（结论先行）自首是指犯罪分子犯罪以后自动投案、如实供述自己罪行的行为，或者被采取强制措施的犯罪嫌疑人、被告人和正在服刑的罪犯如实供述司法机关还未掌握的本人其他罪行的行为。（大前提：法律规定）本案中李某在被拘留期间，如实供述还没有被司法机关掌握的自己同王某抢劫的罪行（小前提：案件事实），构成自首。（再说一遍结论）

② 王某为了实施抢劫而杀人灭口，应当对王某以抢劫罪和故意杀人罪实行数罪并罚。（结论先行）数罪并罚是指对一个行为所犯数罪合并处罚的制度。（大前提：法律规定）本案中，王某实施抢劫后又杀人灭口。（小前提：案件事实）因此，应以抢劫罪和故意杀人罪数罪并罚。（再说一遍结论）

③ 王某交代杀人灭口的行为因属于抢劫者本人的行为，不构成自首，但属于坦白，可以从轻处罚。（结论先行）坦白是指犯罪分子被动归案以后，如实供述自己的罪行，并接受国家司法机关的审查或者裁判的行为。（大前提：法律规定）本案中，王某在被逮捕归案后，主动交代抢劫后杀人灭口的行为。（小前提：案件事实）因此，王某构成坦白。（再说一遍结论）

(3) 不构成立功。（结论先行）《刑法》规定，犯罪分子到案后有检举、揭发他人犯罪行为，经查证属实的，应当认定为有立功表现。而共同犯罪中除了如实供述自己的罪行外，还要如实供述其他共犯的罪行，才构成自首。（大前提：法律规定）本案中，李某的行为仅仅构成自首，但不构成立功，因为共同犯罪成立立功的，须揭发同案犯共同犯罪以外的犯罪行为。（小前提：案件事实）因此，李某不构成立功。（再说一遍结论）

10.【参考答案】

（1）甲的行为构成交通肇事罪。（结论先行）《刑法》规定，违反交通运输管理法规，因而发生重大事故，致人重伤、死亡或者使公私财产遭受重大损失的；交通肇事后逃逸或者有其他特别恶劣情节的，构成交通肇事罪。（大前提：法律规定）在本案中，甲在驾驶途中，与行人乙发生碰撞，致使乙因抢救无效而死亡，其行为符合交通肇事罪的构成要件。（小前提：案件事实）因此，甲构成交通肇事罪。（再说一遍结论）

（2）甲的行为不属于交通肇事后逃逸。（结论先行）最高人民法院《关于审理交通肇事刑事案件具体应用法律若干问题的解释》第3条规定："'交通运输肇事后逃逸'，是指行为人具有本解释第二条第一款规定和第二款第（一）至（五）项规定的情形之一，在发生交通事故后，为逃避法律追究而逃跑的行为。"（大前提：法律规定）在本案中，甲在交通肇事发生之后停车走出汽车，在二三十米外遥望事故现场，未发现有人被撞倒，才驾车驶离现场。如果没有相反证据证明行为人已经认识到交通肇事的发生，只能认定行为人对逃逸行为持过失态度。而刑法对交通肇事后逃逸的加重惩罚仅限于故意的情形。（小前提：案件事实）因此，甲在没有认识到交通肇事发生的情况下驾车驶离现场的行为不应当被认为属于交通肇事后逃逸的行为。（再说一遍结论）

（3）甲的行为不构成自首。（结论先行）根据《刑法》第67条规定，犯罪以后自动投案，如实供述自己的罪行的，是自首。对于自首的犯罪分子，可以从轻或者减轻处罚。其中，犯罪较轻的，可以免除处罚。被采取强制措施的犯罪嫌疑人、被告人和正在服刑的罪犯，如实供述司法机关还未掌握的本人其他罪行的，以自首论。（大前提：法律规定）在本案中，交警部门在认定甲有重大嫌疑的情况下打电话要求其到交警部门等候，显然已经发现了甲的交通肇事行为，且甲是在被交警部门传讯之后才承认自己的行为的，并非主动投案。（小前提：案

件事实）因此，对甲的行为不应认定为自首。（再说一遍结论）

11.【参考答案】

（1）甲、乙均是丙的监护人。（结论先行）根据《民法典》的规定，父母是未成年子女的监护人。即使夫妻离婚，也不影响未与子女共同生活一方的法定监护权，其应当承担支付抚养费等监护职责。（大前提：法律规定）因此，甲、乙均是丙的监护人。（再说一遍结论）

（2）无权。（结论先行）虽在签订离婚协议时，甲承诺将房屋赠与丙，但在办理登记之前，甲仍为该房屋的所有权人，其将房屋出卖与丙属于有权处分。而且，该合同双方当事人意思表示真实，未违反法律、行政法规的强制性规定，应当认定合法有效。因此，乙无权主张买卖合同无效。（再说一遍结论）

（3）没有。（结论先行）根据法律和相关司法解释的规定，对一方婚前所负个人债务，如债权人不能证明所负债务用于婚后家庭共同生活的，该债务为一方的个人债务。（大前提：法律规定）本案中，甲向丁借款 20 万元做生意发生于甲与戊结婚之前，属于甲的个人债务，由甲个人清偿。（小前提：案件事实）因此，戊没有义务偿还。（再说一遍结论）

（4）丙、丁、戊均有权。（结论先行）根据《民法典》及相关司法解释的规定，申请宣告失踪的利害关系人，包括被申请宣告失踪人的近亲属以及其他与被申请人有民事权利义务关系的人。（大前提：法律规定）本案中，戊作为甲的配偶有权申请。丁作为甲的债权人可以申请。丙作为甲的子女，有权申请宣告甲失踪，但应当由法定代理人乙代为行使。（小前提：案件事实）因此，丙、丁、戊都有权申请宣告甲失踪。（再说一遍结论）

12.【参考答案】

（1）承揽合同。（结论先行）承揽合同是完成工作交付成果的合同，是双务、有偿、诺成性的非要式合同。承揽合同包括加工合同、定作合同、修理合同等，以完成一定工作为目的。（大前提：法律概念）本案中，甲、乙公司签订的合同符合承揽合同的构成。（小前提：案件事实）因此，甲、乙公司签订的是承揽合同。（再说一遍结论）

（2）部分有效，部分无效。（结论先行）我国法律规定，定金的数额不得超过主合同标的额的20%，超过部分不产生定金的效力。（大前提：法律规定）在本案中，共约定了30万元定金，其中有10万元超出了主合同标的额的20%。（小前提：案件事实）因此，30万元定金中20万元的部分有效，10万元的部分无效。（再说一遍结论）

（3）可以。（结论先行）留置权是法定担保物权，无须当事人约定，但是可以在合同中约定排除。一般情况下，成立留置权要求债权人对动产的占有与债权的发生出自同一法律关系，但是法律明确规定，企业之间的留置不受这一要求的限制。（大前提：法律规定）在本案中，虽然乙公司留置3号模具并非基于承揽合同，而是基于另一笔债权，但乙公司留置该模具属于企业之间的留置，企业之间的留置不限于同一法律关系。（小前提：案件事实）因此，乙公司可行使留置权。（再说一遍结论）

（4）无权。（结论先行）《民法典》第563条第1款规定："有下列情形之一的，当事人可以解除合同：（一）因不可抗力致使不能实现合同目的；（二）在履行期限届满前，当事人一方明确表示或者以自己的行为表明不履行主要债务；（三）当事人一方迟延履行主要债务，经催告后在合理期限内仍未履行；（四）当事人一方迟延履行债务或者有其他违约行为致使不能实现合同目的；（五）法律规定的其他情形。"（大前提：法律规定）在本案中，乙公司已按照甲公司的要求交付1号模具、2号模具，未交付3号模具有合法理由，乙公司未违约，且没有其他法定或约定解除合同的情况。（小前提：案件事实）因此，甲公司无权解除合同。（再说一遍结论）

13. 【参考答案】

(1) 货运合同（或运输合同）。（结论先行）根据《民法典》第 809 条的规定，运输合同是承运人将旅客或者货物从起运地点运输到约定地点，旅客、托运人或者收货人支付票款或者运输费用的合同。运输合同包括：客运合同、货运合同、多式联运合同。（大前提：法律规定）在本案中，承运人野狼快递服务部和陈某签订了一个将价值 5000 元的手机运输到指定地点的合同，符合货运合同的构成要件。（小前提：案件事实）当事人所签的运单属于货运合同。（再说一遍结论）

(2) 无效。（结论先行）《民法典》第 497 条规定："有下列情形之一的，该格式条款无效：（一）具有本法第一编第六章第三节和本法第五百零六条规定的无效情形；（二）提供格式条款一方不合理地免除或者减轻其责任、加重对方责任、限制对方主要权利；（三）提供格式条款一方排除对方主要权利。"（大前提：法律规定）在本案中，该条款性质上属于格式条款，且免除了因故意或重大过失给对方造成财产损失的责任，存在《民法典》规定的格式条款或免责条款无效的情形。（小前提：案件事实）因此，该条款无效。（再说一遍结论）

(3) 不应当。（结论先行）合同具有相对性，仅约束合同当事人。（大前提：法律概念）在本案中，签订货运合同的双方当事人分别为陈某与飞狐速递公司，野狼快递服务部只是其营业网点，并非合同的当事人。（小前提：案件事实）因此，野狼快递服务部无须承担基于该合同产生的违约责任。（再说一遍结论）

(4) 不成立。（结论先行）《民法典》第 196 条规定："下列请求权不适用诉讼时效的规定：（一）请求停止侵害、排除妨碍、消除危险；（二）不动产物权和登记的动产物权的权利人请求返还财产；（三）请求支付抚养费、赡养费或者扶养费；（四）依法不适用诉讼时效的其他请求权。"（大前提：法律规定）在本案中，陈某请求宋某返还手机的权利属于物权请求权，不适用诉讼时效的规定。

191

（小前提：案件事实）因此，宋某的抗辩理由不成立。（再说一遍结论）

14.【参考答案】

（1）无权。（结论先行）合同具有相对性，只约束合同当事人。（大前提：法律概念）在本案中，丙公司与丁公司之间不存在合同关系，同时丙公司也不是货物的所有权人。（小前提：案件事实）因此，丙公司无权要求丁公司交付货物。（再说一遍结论）

（2）无权。（结论先行）《民法典》第447条第1款规定："债务人不履行到期债务，债权人可以留置已经合法占有的债务人的动产，并有权就该动产优先受偿。"（大前提：法律规定）在本案中，该动产并非乙公司所有。（小前提：案件事实）因此，其无权以乙公司未支付运费为由行使留置权。（再说一遍结论）

（3）有权。（结论先行）《民法典》第224条规定："动产物权的设立和转让，自交付时发生效力，但是法律另有规定的除外。"第238条规定："侵害物权，造成权利人损害的，权利人可以依法请求损害赔偿，也可以依法请求承担其他民事责任。"（大前提：法律规定）在本案中，甲公司在货物交付给丙公司前仍然是货物所有权人。（小前提：案件事实）因此，有权以丁公司侵害所有权为由要求丁公司承担侵权损害赔偿责任。（再说一遍结论）

（4）有权解除合同。（结论先行）《民法典》第563条第1款规定："有下列情形之一的，当事人可以解除合同：（一）因不可抗力致使不能实现合同目的；（二）在履行期限届满前，当事人一方明确表示或者以自己的行为表明不履行主要债务；（三）当事人一方迟延履行主要债务，经催告后在合理期限内仍未履行；（四）当事人一方迟延履行债务或者有其他违约行为致使不能实现合同目的；（五）法律规定的其他情形。"（大前提：法律规定）在本案中，因乙公司的违约行为使得甲公司订立合同的目的无法实现。（小前提：案件事实）因此，甲公司有权解除合同。（再说一遍结论）

15. 【参考答案】

（1）丙可以取得瓷瓶的所有权。（结论先行）《民法典》第 311 条第 1 款规定："无处分权人将不动产或者动产转让给受让人的，所有权人有权追回；除法律另有规定外，符合下列情形的，受让人取得该不动产或者动产的所有权：（一）受让人受让该不动产或者动产时是善意；（二）以合理的价格转让；（三）转让的不动产或者动产依照法律规定应当登记的已经登记，不需要登记的已经交付给受让人。"（大前提：法律规定）在本案中，虽乙为无权处分，但善意的丙基于合理价格有偿受让，并完成了交付，满足善意取得的构成要件。（小前提：案件事实）因此，丙能够取得瓷瓶的所有权。（再说一遍结论）

（2）乙出售瓷瓶属于侵权行为。（结论先行）《民法典》第 1165 条第 1 款规定："行为人因过错侵害他人民事权益造成损害的，应当承担侵权责任。"（大前提：法律规定）在本案中，因为乙故意侵害了甲对于瓷瓶的所有权，造成甲所有权的灭失，两者之间有因果关系，且乙主观上存在过错，符合一般侵权行为的构成要件。（小前提：案件事实）因此，乙出售瓷瓶属于侵权行为。（再说一遍结论）

（3）施工队应当向乙请求支付工程款。（结论先行）合同具有相对性，只约束合同当事人。（大前提：法律概念）在本案中，因为乙以自己名义签订合同，乙是合同的当事人。（小前提：案件事实）因此，施工队根据施工合同应当向乙请求支付工程款。（再说一遍结论）

（4）乙聘请施工队为甲加固房屋的行为构成无因管理。（结论先行）《民法典》第 979 条第 1 款规定："管理人没有法定的或者约定的义务，为避免他人利益受损失而管理他人事务的，可以请求受益人偿还因管理事务而支出的必要费用；管理人因管理事务受到损失的，可以请求受益人给予适当补偿。"（大前提：法律规定）在本案中，乙聘请施工队为甲加固房屋的行为没有法定或约定的义务，乙的目的是为了避免他人的利益受到损害，符合无因管理的构成要件。（小前提：案件事实）因此，乙为甲加固房屋的行为构成无因管理。（再说一遍结论）

16. 【参考答案】

(1) 本案涉及的相对法律关系有：① 甲公司与 A 银行之间的借款合同关系；② 甲公司与乙公司之间的委托合同关系；③ 乙公司与 A 银行之间的保证合同关系；④ 甲公司与乙公司之间的抵押合同关系；⑤ 甲公司与丙公司之间的委托合同关系；⑥ 乙公司与丙公司之间的保证合同关系；⑦ 乙公司与甲公司之间因乙公司履行保证责任而产生的债权债务关系。

(2) 丙公司应按一般保证承担保证责任。（结论先行）《民法典》第 686 条规定："保证的方式包括一般保证和连带责任保证。当事人在保证合同中对保证方式没有约定或者约定不明确的，按照一般保证承担保证责任。"（大前提：法律规定）本案中，丙公司与乙公司在保证合同中约定保证方式为连带责任保证，同时又约定丙公司按照《民法典》第 687 条第 1 款规定承担保证责任，而《民法典》第 687 条第 1 款是关于一般保证方式的规定，双方对保证方式的约定存在矛盾，应当视为保证方式约定不明确。（小前提：案件事实）因此，丙公司应按一般保证承担保证责任。（再说一遍结论）

(3) 乙公司与甲公司签订的抵押合同、乙公司与丙公司签订的保证合同为反担保合同。（结论先行）反担保是指为保障债务人之外的担保人将来承担担保责任后对债务人的追偿权的实现而设定的担保。（大前提：法律概念）结合题目可以得出，本案中的反担保合同有两个：一个是乙公司与甲公司签订的抵押合同，另一个是乙公司与丙公司签订的保证合同。（再说一遍结论）

(4) 乙公司应先就甲公司抵押的房产行使抵押权，行使抵押权后仍不能实现追偿权的，可要求丙公司承担保证责任。（结论先行）《民法典》第 392 条规定，被担保的债权既有物的担保又有人的担保，没有约定或者约定不明确，物的担保由债务人自己提供的，债权人应当先就该物的担保实现债权。（大前提：法律规定）因此，乙公司应先就甲公司抵押的房产行使抵押权，行使抵押权后仍不能实现追偿权的，可要求丙公司承担保证责任。（再说一遍结论）

17.【参考答案】

（1）① 南某某购买洗发水的行为有效。（结论先行）《民法典》第 19 条规定："八周岁以上的未成年人为限制民事行为能力人，实施民事法律行为由其法定代理人代理或者经其法定代理人同意、追认；但是，可以独立实施纯获利益的民事法律行为或者与其年龄、智力相适应的民事法律行为。"（大前提：法律规定）在本案中，南某某购买洗发水的行为属于与其年龄、智力及精神健康状况相适应的民事法律行为。（小前提：案件事实）因此，南某某购买洗发水的行为有效。（再说一遍结论）

② 奖金应归南某某所有。（结论先行）《民法典》第 145 条第 1 款规定："限制民事行为能力人实施的纯获利益的民事法律行为或者与其年龄、智力、精神健康状况相适应的民事法律行为有效；实施的其他民事法律行为经法定代理人同意或者追认后有效。"（大前提：法律规定）本案中，南某某获得奖金是纯获利益的行为。（小前提：案件事实）因此，奖金应归南某某所有。（再说一遍结论）

（2）① 南某某购买钻戒的行为属于效力待定的民事法律行为。（结论先行）《民法典》第 145 条规定："限制民事行为能力人实施的纯获利益的民事法律行为或者与其年龄、智力、精神健康状况相适应的民事法律行为有效；实施的其他民事法律行为经法定代理人同意或者追认后有效。相对人可以催告法定代理人自收到通知之日起三十日内予以追认。法定代理人未作表示的，视为拒绝追认。民事法律行为被追认前，善意相对人有撤销的权利。撤销应当以通知的方式作出。"（大前提：法律规定）在本案中，南某某购买钻戒的行为已经超出了与其年龄、

智力、精神健康状况相适应的范围。（小前提：案件事实）因此，南某某购买钻戒的行为属于效力待定的行为。（再说一遍结论）

②萧某有权要求退掉钻戒。（结论先行）在本案中，南某某用4800元购买钻戒，属于标的数额较大的民事法律行为，与其年龄、智力不相适应，须经其父母同意或者追认。既然其母亲萧某拒绝追认该民事法律行为，则该民事法律行为归于无效。既然该民事法律行为归于无效，则其母亲萧某有权要求退掉钻戒。（小前提：案件事实）因此，萧某有权要求退掉钻戒。（再说一遍结论）

（3）萧某无权将此笔钱用于购买股票。（结论先行）《民法典》第35条第1款规定："监护人应当按照最有利于被监护人的原则履行监护职责。监护人除为维护被监护人利益外，不得处分被监护人的财产。"（大前提：法律规定）本案中，萧某购买股票并非为被监护人的利益。（小前提：案件事实）因此，萧某无权将此笔钱用于购买股票。（再说一遍结论）

（4）商场不能以南某某是未成年人为由拒绝兑奖。（结论先行）《民法典》第145条第1款规定，限制民事行为能力人实施的纯获利益的民事法律行为或者与其年龄、智力、精神健康状况相适应的民事法律行为有效。（大前提：法律规定）本案中，南某某属于限制民事行为能力人，其购买洗发水获得奖券中奖的行为，是一种纯获利益的行为，是有效的民事法律行为。（小前提：案件事实）因此，商场不能以南某某是未成年人为由拒绝兑奖。（再说一遍结论）

18. 【参考答案】

（1）王某的行为属于表见代理。（结论先行）《民法典》第172条规定："行为人没有代理权、超越代理权或者代理权终止后，仍然实施代理行为，相对人有理由相信行为人有代理权的，代理行为有效。"（大前提：法律规定）本案中，王某被某商贸公司开除后，实际上代理权已经终止，但某商贸公司却并未收回介绍信和授权委托书，也未通知乙家电生产厂家。乙家电生产厂家在善意、无过失

的情况下与王某签订了合同，符合表见代理的构成要件。（小前提：案件事实）因此，王某的行为属于表见代理。（再说一遍结论）

（2）某商贸公司应承担支付货款的责任。（结论先行）依据《民法典》的规定，表见代理订立的合同有效，在本人与相对人间产生法律效力，本人应受合同效力的约束。（大前提：法律规定）因此，某商贸公司应承担向乙家电生产厂家支付10万元货款的责任。（再说一遍结论）

19.【参考答案】

（1）木料的所有权尚未发生转移。（结论先行）《民法典》第224条规定："动产物权的设立和转让，自交付时发生效力，但是法律另有规定的除外。"（大前提：法律规定）本案中，尽管李某和王某已经就财产的转让达成协议，但由于木料仍在王某的占有之下，并未交付给李某。（小前提：案件事实）因此，应认定木料的所有权尚未转移。（再说一遍结论）

（2）本案中木料损失的风险应由王某负担。（结论先行）《民法典》第604条规定："标的物毁损、灭失的风险，在标的物交付之前由出卖人承担，交付之后由买受人承担，但是法律另有规定或者当事人另有约定的除外。"（大前提：法律规定）本案中双方买卖的木料因洪灾而灭失，由此造成的损失由何方承担就是风险负担的问题。本案中，王某尚未将木料交给李某。（小前提：案件事实）因此，木料毁损、灭失的风险理应由王某承担。（再说一遍结论）

20.【参考答案】

（1）李某自2月1日起取得该房屋的所有权。（结论先行）《民法典》第229条规定："因人民法院、仲裁机构的法律文书或者人民政府的征收决定等，导致物权设立、变更、转让或者消灭的，自法律文书或者征收决定等生效时发生效力。"（大前提：法律规定）2月1日，法院判决房屋归李某所有。（小前提：案件事实）因此，本案中，李某基于人民法院的判决书自2月1日起取得该房屋的

所有权。（再说一遍结论）

（2）张某未取得该房屋的所有权。（结论先行）《民法典》第209条第1款规定："不动产物权的设立、变更、转让和消灭，经依法登记，发生效力；未经登记，不发生效力，但是法律另有规定的除外。"（大前提：法律规定）在本案中，张某未经登记。（小前提：案件事实）因此，张某不能取得该房屋的所有权。（再说一遍结论）

（3）李某与张某之间的房屋买卖合同已经生效。（结论先行）《民法典》第215条规定："当事人之间订立有关设立、变更、转让和消灭不动产物权的合同，除法律另有规定或者当事人另有约定外，自合同成立时生效；未办理物权登记的，不影响合同效力。"（大前提：法律规定）本案中，虽然张某未取得房屋的所有权，但是并不影响其合同的效力，且该合同无其他瑕疵。（小前提：案件事实）因此，李某与张某之间的房屋买卖合同已经生效。（再说一遍结论）

（4）王某取得了该房屋的所有权。（结论先行）《民法典》第311条第1款规定："无处分权人将不动产或者动产转让给受让人的，所有权人有权追回；除法律另有规定外，符合下列情形的，受让人取得该不动产或者动产的所有权：（一）受让人受让该不动产或者动产时是善意；（二）以合理的价格转让；（三）转让的不动产或者动产依照法律规定应当登记的已经登记，不需要登记的已经交付给受让人。"（大前提：法律规定）在本案中，4月1日吴某将该房屋卖给王某时，吴某属于无权处分；但王某基于善意受让该房屋，且于5月10日办理了房屋登记，即王某基于善意取得制度依法取得该房屋的所有权；李某则丧失了所有权。（小前提：案件事实）因此，王某于5月10日取得了该房屋的所有权。（再说一遍结论）

第三节　分析题刻意练习答案解析

1.【参考答案】

（1）公序，即公共秩序，是指国家社会的存在及其发展所必需的一般秩序；良俗，即善良风俗，是指国家社会的存在及其发展所必需的一般道德。公序良俗原则指民事主体的行为应当遵守公共秩序，符合善良风俗，不得违反国家的公共秩序和社会的一般道德。习惯是指人们在长期的社会生活中相沿成习的一系列行为规范。（概念题，直接按照题目要求答出概念即可）

（2）一是法律没有规定，二是习惯本身没有违反公序良俗。（结论先行）《民法典》第10条规定："处理民事纠纷，应当依照法律；法律没有规定的，可以适用习惯，但是不得违背公序良俗。"（法律规定）

2.【参考答案】

立法又称法的制定，是指有立法权的国家机关或经授权的国家机关，依照法定的职权和程序创制、认可、修改和废止法律或者其他规范性文件的活动。（阐述立法的概念）

根据立法的定义可知，小吴对于立法的认识是存在错误的。（结论先行）通过对立法活动特征的分析，可以得知本题的说法存在下列问题：第一，立法是国家的一项专门活动，所有的立法都是根据国家需要以国家名义进行的。法律的制定是立法机关将统治阶级的意志上升为国家意志的行为。国家机关各自的需要并不能够反映统治阶级的意志，立法活动不是反映各个国家机关自身意志的行为。第二，只有享有立法权的国家机关或者经授权的国家机关才能从事立法活动，只有这些国家机关才可能成为立法活动的主体，并不是所有的国家机关都可以从事立法活动。第三，立法是立法主体依照立法程序进行的一项活动，法律制定必须要有严格的程序。而本题的说法忽略了立法的程序性。第四，立法活动的内容是创制、认可、修改和废止法律或者其他规范性法律文件，并不只包括创制这一种行为，同时也包括了认可、修改和废止。关于立法活动只是创制新法的认识是错误的。第五，法律文件可以分为规范性法律文件和非规范性法律文件，立法活动的对象仅限于规范性文件，而不包括创制非规范性法律文件。（结合材料分析）

3. 【参考答案】

（1）程序公正被视为"看得见的正义"，就是案件不仅要判得正确、公平，完全符合实体法的规定和精神，而且还应当使人感受到判决过程的公平性和合理性。换句话说，司法机构对一个案件的判决，即使非常公正、合理、合法，也还是不够的；要使裁判结论得到人们的普遍认可，裁判者必须确保判决过程符合公正、正义的要求。（法理学原理）材料中程序公正体现在：S市人民检察院依法对犯罪嫌疑人提起公诉；S市中级人民法院依法审理该案；S市人民检察院依法提出抗诉；Y省高级人民法院依法启动二审程序。（结合材料分析）

（2）实体公正又称为实质正义，意味着正义的终极状态的实现。也就是善人（或善行）应该得到善报，恶人（或恶行）应该得到恶报。具体包括三个方面的内容：犯罪的人受到刑罚；无罪的人不被定罪；罪刑相适应。（法理学原理）材料中实体公正体现在：S市中级人民法院根据李某的犯罪情节和法律规定作出判决；S市人民检察院以一审法院适用法律不当、量刑过轻为由，提起抗诉；Y省高级人民法院对一审判决予以改判。（结合材料分析）

（3）程序公正是实体公正的前提和保障，没有程序公正，实体公正就无法实现。有程序公正也未必就有实体公正，实体公正是程序公正的目标和追求。（法理学原理）S市人民检察院如果没有依法提出抗诉，Y省高级人民法院如果没有启动二审程序，则会因一审法院适用法律不当、量刑过轻，无法实现实体公正。但是S市人民检察院提起抗诉，不意味着二审必然改判。如果Y省高级人民

法院没有改判，而是维持原判，那么实体公正就没有实现。（结合材料分析）

4.【参考答案】

本案的法律论证具有正当性。（结论先行）

（1）论证说理内容具有融贯性。本案法官的说理论证符合法律规定，同时也具有内在一致性。本案法官从被告人的主观恶性、非法获取钱财的方式、行为的社会危害性等角度，对王某行为的罪与罚进行了论证。

（2）论证说理逻辑具有有效性。本案法官的说理论证符合基本的逻辑方法，符合大众的思维习惯。本案法官根据被告人的行为表现和内在心理，得出他心存畏惧、心存良知，符合说理的逻辑性。

（3）论证结论具有可接受性。本案法官根据事实和法律，决定对被告人从轻处罚，合情、合理、合法，为社会普遍接受。

（可从其他角度论述，只要言之有理即可）

5.【参考答案】

（1）全国人大常委会与2383名全国人大代表有权提出。（结论先行）《宪法》第64条第1款规定："宪法的修改，由全国人民代表大会常务委员会或者五分之一以上的全国人民代表大会代表提议，并由全国人民代表大会以全体代表的三分之二以上的多数通过。"（《宪法》规定）提议修改《宪法》的2383名（历年来全国人大代表总数基本维持在近3000人）全国人大代表已经超过五分之一的要求。（结合案件，得出结论）

（2）通过的人数不同。（结论先行）《宪法》第64条规定："宪法的修改，由全国人民代表大会常务委员会或者五分之一以上的全国人民代表大会代表提议，并由全国人民代表大会以全体代表的三分之二以上的多数通过。法律和其他议案由全国人民代表大会以全体代表的过半数通过。"（《宪法》规定）

（3）一是全国人大以修正案的方式增删宪法的内容，二是全国人大以决议的方式直接修改宪法条文。（结论先行）我国修宪实践中，对 1982 年《宪法》的五次修正都是以宪法修正案的形式进行修改的。而 1979 年、1980 年对 1978 年《宪法》的修改，则是以决议的方式直接对宪法条文进行修改的。（结合实践分析）（本题无须结合材料，也没有法律规定）

6. 【参考答案】

（1）最高人民法院有权就审判工作中具体应用法律的问题作出解释；解释应当主要针对具体的法律条文，并符合立法的目的、原则和原意。（结论先行）根据《人民法院组织法》第 18 条第 1 款的规定，最高人民法院可以对属于审判工作中具体应用法律的问题进行解释。（法律规定）

（2）其法律依据是《各级人民代表大会常务委员会监督法》。（结论先行）根据《各级人民代表大会常务委员会监督法》的规定，公民认为最高人民法院、最高人民检察院作出的具体应用法律的解释同法律规定相抵触的，可以向全国人大常委会书面提出进行审查的建议。（法律规定）（注意：司法解释的审查没有规定在《立法法》中）

（3）全国人大常委会收到李某的审查建议后，由常委会工作机构进行研究，必要时，送有关专门委员会进行审查，提出意见。全国人大宪法和法律委员会、有关专门委员会认为司法解释同法律相抵触，而最高人民法院不予修改或废止的，可以提出要求最高人民法院予以修改、废止的议案，或者提出由全国人大常委会作出法律解释的议案。（结论先行）《各级人民代表大会常务委员会监督法》第 33 条规定："全国人民代表大会法律委员会和有关专门委员会经审查认为最高人民法院或者最高人民检察院作出的具体应用法律的解释同法律规定相抵触，而最高人民法院或者最高人民检察院不予修改或者废止的，可以提出要求最高人民法院或者最高人民检察院予以修改、废止的议案，或者提出由全国人民代表大会常务委员会作出法律解释的议案，由委员长会议决定提请常务委员会审议。"

(法律规定)

7.【参考答案】

李某的言论免责权、人身特别保障权、通信自由和通信秘密的权利受到侵犯。(结论先行)

(1) 李某作为全国人大代表的言论免责权受到了侵犯。(结论先行)《宪法》规定，全国人大代表在全国人大各种会议上的发言和表决，不受法律追究。(《宪法》规定)尽管李某在人大会议上的发言十分激烈，但是他是在行使其作为一个人大代表的职责，不应该因言获罪。(结合材料分析)

(2) 李某作为全国人大代表的人身特别保障权受到了侵犯。(结论先行)《宪法》规定，全国人大代表，非经全国人大主席团，在全国人大闭会期间非经全国人大常委会的许可，不受逮捕或者刑事审判。(《宪法》规定)该市公安机关未经全国人大主席团同意，直接逮捕李某，显然违反了《宪法》，侵犯了李某作为全国人大代表享有的人身特别保障权。(结合材料分析)

(3) 李某作为公民的通信自由和通信秘密受到了侵犯。(结论先行)《宪法》规定，公民的通信自由和通信秘密受法律的保护。除因国家安全或者追查刑事犯罪的需要，由公安机关或者检察机关依照法律规定的程序对通信进行检查外，任何组织或者个人不得以任何理由侵犯公民的通信自由和通信秘密。(《宪法》规定)该市领导令秘书对李某的通信往来"密切监控"，其本身不是公安机关或者检察机关人员，也并非出于国家安全或者侦查刑事犯罪需要，故而侵犯了李某的通信自由和通信秘密。(结合材料分析)

(注意分点逐步作答)

8.【参考答案】

(1) 不合法。(结论先行)村委会是基层群众性自治组织。《村民委员会组织法》第5条第1款规定："乡、民族乡、镇的人民政府对村民委员会的工作给予指导、支持和帮助,但是不得干预依法属于村民自治范围内的事项。"(**法律规定**)本案中,修建文化活动中心属于村公益事业,是村民自治范围内的事项,乡政府无权要求村委会执行其指令。(**结合案件,得出结论**)

(2)需要该村1/5以上有选举权的村民或者1/3以上的村民代表联名,提出罢免村委会成员的要求,并说明罢免理由。(**结论先行**)《村民委员会组织法》第16条规定:"本村五分之一以上有选举权的村民或者三分之一以上的村民代表联名,可以提出罢免村民委员会成员的要求,并说明要求罢免的理由。被提出罢免的村民委员会成员有权提出申辩意见。罢免村民委员会成员,须有登记参加选举的村民过半数投票,并须经投票的村民过半数通过。"(**法律规定**)

(3)进一步完善基层群众自治制度的主要途径有:① 尊重宪法和法律规定的关于基层群众自治组织的自治权和法律地位,避免将其当作人民政府的派出机关。② 提高基层群众自治组织干部的素质。③ 帮助基层群众自治组织增加经济来源。④ 搞好基层群众自治组织的制度建设,规范自治组织的行为。⑤ 拓宽基层群众自治组织的途径和形式。⑥ 增强村民与村委会之间的沟通。

(**本题为开放性题目,言之有理,分点作答,使用法言法语即可,没有唯一答案**)

9.【参考答案】

(1)该条例应在公布后30日内,由该市所在省、自治区的人大常委会报全国人大常委会和国务院备案。(**结论先行**)《立法法》第98条规定:"行政法规、地方性法规、自治条例和单行条例、规章应当在公布后的三十日内依照下列规定报有关机关备案:……(二)省、自治区、直辖市的人民代表大会及其常务委员会制定的地方性法规,报全国人民代表大会常务委员会和国务院备案;设区的市、自治州的人民代表大会及其常务委员会制定的地方性法规,由省、自治区的人民代表大会常务委员会报全国人民代表大会常务委员会和国务院备案……"(**法律规定**)

（2）全国人大常委会收到张某的审查建议后，由常委会工作机构进行研究，必要时，送有关的专门委员会进行审查，提出意见。全国人大专门委员会、常委会工作机构可以向制定机关提出书面意见、研究意见。制定机关根据上述意见对该条例进行修改或废止，审查终止；制定机关不予修改的，提请全国人大常委会审议决定。全国人大专门委员会和常委会工作机构应当将审查研究情况向张某反馈。全国人大常委会也有权撤销该行政法规。（结论先行）

《立法法》第100条规定："全国人民代表大会专门委员会、常务委员会工作机构在审查、研究中认为行政法规、地方性法规、自治条例和单行条例同宪法或者法律相抵触的，可以向制定机关提出书面审查意见、研究意见；也可以由法律委员会与有关的专门委员会、常务委员会工作机构召开联合审查会议，要求制定机关到会说明情况，再向制定机关提出书面审查意见。制定机关应当在两个月内研究提出是否修改的意见，并向全国人民代表大会法律委员会和有关的专门委员会或者常务委员会工作机构反馈。全国人民代表大会法律委员会、有关的专门委员会、常务委员会工作机构根据前款规定，向制定机关提出审查意见、研究意见，制定机关按照所提意见对行政法规、地方性法规、自治条例和单行条例进行修改或者废止的，审查终止。全国人民代表大会法律委员会、有关的专门委员会、常务委员会工作机构经审查、研究认为行政法规、地方性法规、自治条例和单行条例同宪法或者法律相抵触而制定机关不予修改的，应当向委员长会议提出予以撤销的议案、建议，由委员长会议决定提请常务委员会会议审议决定。"（法律规定）

10.【参考答案】

（1）①"德本刑用"的立法指导思想。强调明法慎行，以宽仁治天下的民本思想。②唐太宗的个人原因和感悟。唐太宗因错杀张蕴古而后悔，认为死者不可复生，因此应审慎对待死刑，实行三复奏。后唐太宗认为实行三复奏，时间仓促，难以考虑充分，故又实行五复奏。（翻译材料型题目，直接翻译即可）

（2）① 死刑复奏西汉时期已出现萌芽。② 魏晋南北朝时期正式确立了死刑复奏制度，即死刑必须报告朝廷，经皇帝批准方可执行。(基础知识型题目，直接答出死刑复奏的历史渊源即可)

（3）① 从司法角度看，这无疑是一大进步，加强死刑复核与复奏，慎重对待死刑，体现了慎刑原则以及对人权的保障。② 加强封建君主对于司法审判权的控制。(评价型题目，从司法角度与皇权集中的角度作答)

11.【参考答案】

（1）该律文的主要规定是：唐代令、式中禁止且律有相应规定的行为，按照律的规定处罚。唐代令、式中禁止但律无相应规定的行为，以"笞五十"或"减一等"，即笞四十，追究刑事责任。(翻译材料型题目，直接翻译即可)

（2）疏议是对律文进行逐条逐句的疏证解释，与律文具有同等的法律效力。疏议不但对主要的法律原则和制度从历史上寻根溯源，叙其沿革，而且引证儒家经典作为律文的理论根据。疏议贯通相关律文，使松散的律文之间形成严密的网络，从而形成了相互照应、相互联系的有机整体。疏议使概括性的法律条文细密化。疏议拾遗补阙，解释疑难，因而，疏议实际上被称为第二次立法。本条律文的疏议主要是通过列举方法，对律文中何为"违令"、何为"别式"进行解释，以统一法律的适用。(评价型题目，从效力、体系等方面作答)

（3）唐代法律形式主要为律、令、格、式四种。律是关于定罪量刑的基本法典。令是有关国家政权组织制度与行政管理活动的法规，涉及的范围较为广泛。格主要来源于对皇帝诏敕的整理、编纂。历朝皇帝都重视通过编定格的方式使就一时一事所作的诏敕上升为具有一般约束力的法律。式是国家机关的公文程式和活动细则，具有行政法规性质。律、令、式彼此既相互联系，又发挥着不同的作用，对复杂的社会关系起到了综合调整的重要作用。其中，令、式是从积极方面规定国家机关和官民人等应当遵行的制度、准则和规范，律则从消极方面规定违反令、式以及其他一切犯罪的刑罚制裁，即"一断以律"。几种法律形式并用，使法律的运用既有相对稳定性，又有一定灵活性，形成一个周密的法律体系。(评价型题目，从概念、作用等方面作答)

12. 【参考答案】

（1）必须先经由本管的里甲、老人理断，不服理断者，始可告官。(翻译材料型题目，直接翻译即可)

（2）不管案情是否属实，一律将告诉人处以杖六十的刑罚，案件仍须发回，由里甲、老人处理。(翻译材料型题目，直接翻译即可)

（3）明初设置此种程序，有利于发挥家族、宗族组织的纠纷调处功能，对乡民实行教化，以达到息讼的目的，稳定社会秩序。但这一程序在一定程度上也限制了民众的诉权。(评价型题目，从社会稳定、解决纠纷、司法制度等方面作答)

13. 【参考答案】

（1）张朝与被害人（张朝之从兄）是五服之内的近亲，近亲之内相杀伤的，重于普通人相犯的杀伤罪，罪入"十恶"中的不睦。(基础知识型题目，直接答出不睦罪的内容即可)

（2）十恶罪列于五刑之首，通常被判处死刑。十恶罪适用刑罚的重要原则是"为常赦所不原"，犯十恶者不得适用议、请、减、赎、当、免等优免措施。(基础知识型题目，直接答出十恶罪刑罚适用的特点即可)

（3）依宋朝法律的规定，为父复仇杀人的，"罪止加役流"。本案中，张朝系为父复仇而杀人，经朝议无死罪，故不属于不睦。案犯张朝既不属于十恶犯罪，又经皇帝特赦，故免其罪责。(翻译材料型题目，直接翻译即可)

14. 【参考答案】

（1）材料一反映出西周婚姻成立的条件有：父母之命，媒妁之言；符合

"六礼"，即纳采、问名、纳吉、纳征、请期、亲迎；同姓不婚。（翻译材料型题目，直接翻译即可）

（2）西周婚姻关系的解除遵循"七去"原则，其内容的设置和权利的行使都以男方家族利益的保护为中心，旨在保障家族的稳定和延续，也体现出明显的男尊女卑观念。"三不去"对男方单意休妻有一定的限制，但实质并非维护女子权益，出发点仍然是维护礼治和倡导宗法伦理道德。（评价型题目，从"七去三不去"的意义方面作答）

（3）西周婚姻制度对后世的婚姻立法产生了深远影响。汉唐乃至明清，各朝法律中关于婚姻成立和解除的规定，大体没有超出西周婚姻制度的内容。后世婚姻立法均是在西周婚姻制度的基础上增减而成。（评价型题目，从婚姻成立、解除方面作答）

第四节　论述题刻意练习答案解析

1.　【参考答案】

【述】（犯罪的概念、三大特征）

我国《刑法》第13条对犯罪的定义为："一切危害国家主权、领土完整和安全，分裂国家、颠覆人民民主专政的政权和推翻社会主义制度，破坏社会秩序和经济秩序，侵犯国有财产或者劳动群众集体所有的财产，侵犯公民私人所有的财产，侵犯公民的人身权利、民主权利和其他权利，以及其他危害社会的行为，依照法律应当受刑罚处罚的，都是犯罪，但是情节显著轻微危害不大的，不认为是犯罪。"

犯罪具有以下三个基本特征：

（1）犯罪是严重危害社会的行为，具有严重的社会危害性。首先，犯罪必须是人的具体行为。因为人只有通过行为才能对外界如社会、他人发生影响，也只有通过行为才能对社会、他人造成损害；而法律也只有通过对行为的刻画、描述，才能确定什么是犯罪。其次，犯罪不是一般意义上的行为，而必须是具有严重的社会危害性的行为。所谓严重的社会危害性，是指对我国刑法所保护的重要利益的侵害。行为不具有严重的社会危害性，就不能认为是犯罪。某种行为即使具有一定的社会危害性，"但是情节显著轻微，危害不大的"，也不认为是犯罪。严重的社会危害性是犯罪的实质特征。国家之所以要禁止、惩罚犯罪行为，就是因为它违反了社会基本伦理规范，侵犯了国家、社会和个人的法益，破坏了公共秩序，妨害了社会生活的正常运行。

（2）犯罪是触犯刑法的行为，具有刑事违法性。这是在罪刑法定原则制约下，犯罪不可或缺的基本特征。具有严重的社会危害性的行为只有同时被刑法明文规定为犯罪时，才是犯罪。

（3）犯罪是应受刑罚处罚的行为，具有应受刑罚处罚性。某种危害社会的行为同时又触犯刑法，就应承担受刑罚处罚的法律后果。因此，应受刑罚处罚是犯罪的基本特征之一，但是法院可依法裁量对犯罪人不实际适用刑罚。例如，《刑法》规定，对于犯罪中止没有造成损害结果的，应当免除处罚；对于犯罪情节轻微的，可以免予刑事处罚等。在这种场合，行为人虽然没有被法院实际判处刑罚，但其行为仍然构成犯罪。

【论】（三个基本特征之间的关系）

犯罪以上三个方面的基本特征是紧密相连、彼此依存、互为表里、不可分割的。行为具有严重的社会危害性是犯罪最本质的特征，是刑事违法性和应受刑罚处罚性的前提和基础；刑事违法性是严重的社会危害性的法律表现，是连接犯罪的严重的社会危害性与应受刑罚处罚性的桥梁和纽带；应受刑罚处罚性是犯罪的严重的社会危害性和刑事违法性发展的必然结果。以上三个特征都是某种行为构成犯罪的必要特征，它们结合在一起，共同说明犯罪的本质，从而形成我国刑法中完整、科学的犯罪概念。

2. 【参考答案】

【述】（法律认识错误的概念、具体情形、评价）

法律认识错误，指行为人对自己行为的法律性质发生误解。表现为三种情况：

（1）假想非罪。行为被法律规定为犯罪，而行为人误认为不是犯罪。例如，甲未经许可收购珍贵树木制作家具，没有意识到该行为属于《刑法》第344条规定的危害国家重点保护植物罪。一般认为，不知法律不是可接受的辩解，因此对"假想非罪"原则上不排除罪责，但是可以酌情减轻罪责，因为在发生假想非罪的场合，行为人毕竟不是明知不可为而为之，主观恶性较小。

（2）假想犯罪。行为并没有被规定为犯罪，而行为人误以为是犯罪。例如，某甲复制含有色情内容的有艺术价值的文学作品供自己研究使用，本来不构成犯罪，但他却误认为是犯罪。因为判断行为性质的根据是法律，而不是行为人对法律的误解，所以行为人"假想犯罪"并不改变其行为的法律性质，不成立犯罪。这种误解对行为性质不发生影响。

（3）行为人对自己犯罪行为的罪名和罪行轻重发生误解。例如，甲盗割正在使用的电线，自以为构成盗窃罪，而实际上是破坏电力设备罪；甲自以为该罪没有死刑，而实际上其法定最高刑为死刑。这种对法律的误解不涉及行为人有无违法性意识（或者危害性意识），因此不影响罪过的有无、大小，也就不影响定罪判刑。

【论】（对法律认识错误的规定的建议）

我国现行刑法并没有对法律认识错误作出规定，但刑法中的认识错误问题无论在理论上还是司法实践中，永远是一个热点问题和无法回避的难题。以下是对该问题应如何规定的一点建议：

（1）对法律错误应当采取概括规定的立法形式，而不宜采取列举的规定。因为对各种法律错误的表现形式逐一列举，不仅会使法律规定冗长繁琐，且随着社会的发展，难免会出现漏洞。

（2）应当对某些法律错误在一定条件下减轻或免除刑事责任加以规定。因为现实生活中法定犯越来越多，而且我国地域辽阔，难免会在偏远地区出现法律宣传的死角；此外国内外国人不断增多，因不知法律或误解法律而犯罪者不在少数，如果对法律错误一概不免除刑事责任，就会出现客观归罪的现象。

（3）应增加对某些可以避免的法律错误按过失犯处罚的规定。如果错误本可避免，只是由于行为人主观上过失未能避免，以致造成了危害结果，那么在刑法有处罚过失犯的规定的情况下，应该按过失犯处罚。

3.【参考答案】

【述】（教唆犯的概念、特点、成立条件、刑事责任）

教唆犯，指教唆他人实行犯罪的人。具体而言，是指故意引起他人犯罪决意的人。教唆犯的基本特点是教唆他人实行犯罪而自己并不直接参与犯罪，即教唆犯是使他人产生犯罪意图的人。

教唆犯的成立条件有：① 主观上具有使他人产生犯罪意图和决心的故意，即所谓唆使他人犯罪的故意。这种故意的内容应是明确的，即他知道自己在教唆什么人犯罪和犯什么罪。没有明确的故意内容，不能成立教唆犯；无意引起他人产生犯罪意图的，更不能成立教唆犯。② 在客观上实施了教唆他人犯罪的行为。通常表现为怂恿、诱骗、劝说、请求、收买、强迫、威胁等方式，唆使特定的人实施特定的犯罪。至于教唆行为是否实际引起被教唆人的犯罪意图和决心，被教唆人是否实行了被教唆的犯罪，不影响教唆犯的成立。

教唆犯的刑事责任分为：① 对教唆犯按照其在共同犯罪中所起的作用处罚。

起主要作用的，按主犯处罚；仅起次要作用的，按从犯处罚。实际上，教唆犯一般起主要作用，按主犯处罚，但不排除其所起作用确实较小而按从犯处罚的可能。② 如果被教唆人没有犯被教唆的罪，教唆犯独自构成犯罪，但可以从轻或者减轻处罚。这种情形通常称为"教唆（本身）未遂"。教唆未遂亦可罚，说明我国刑法上的教唆行为具有独立的犯罪性或可罚性。③ 教唆不满18周岁的人犯罪的，应当从重处罚。教唆犯虽然具有独立的犯罪性或可罚性，却不是独立的罪名。对于教唆犯，应当按照所教唆的犯罪确定罪名，如果教唆他人犯盗窃罪，就认定为盗窃罪（教唆），如果教唆他人犯故意杀人罪，就认定为故意杀人罪（教唆）。

【论】（惩罚教唆犯的意义）

刑法处罚的犯罪人一般是自身产生犯罪意图从而实施犯罪的行为人，而当行为人本没有犯罪意图，其犯罪意图由他人唆使引起，从而实施了刑法所不容许的犯罪行为时，行为人若满足刑法处罚的条件则必然要受到相应的惩处。那么引起其犯罪意图的行为人是否要受到刑法的处罚呢？倘若没有教唆犯的规定，可能引起他人犯罪意图的人便会游离于刑法之外，肆意地实施此类行为，从而对社会产生极大的危害性。因此，教唆犯这一犯罪类型对维护社会秩序的稳定、刑法的威严极为重要。

4. 【参考答案】

【述】（民法的概念、性质的具体内容）

民法，指调整平等主体之间发生的人身关系和财产关系的法律规范的总和。民法的性质如下：

（1）民法是私法。民法的调整对象决定了民法是私法，民法调整的社会关系主要涉及私人利益，民事主体之间是平等的关系，国家介入也是作为特殊的民事主体参与的。将民法归入私法范畴，有助于提倡当事人意思自治，尽可能减少国家干预，并有助于培育和发展公民的权利意识和平等观念。

（2）民法是调整市场经济关系的基本法。这主要是从民法调整的财产关系的性质归纳得出的。从历史发展看，民法始终与商品经济或市场经济的发展相联系；从内容看，民法调整的财产关系主要是财产归属关系和财产流通关系。与此相适应，形成了由民事主体、物权、债权等制度组成的民法体系。

（3）民法是调整市民社会关系的基本法。市民社会是与政治国家对立存在的，一般是指当代社会秩序中的各种非政治领域。民法调整市民社会关系，重在保护市民的私权，加大对个人自由权利的保障，以构建和谐的市民社会秩序。

（4）民法是权利法。民法最基本的职能在于对民事权利的确认和保护。从起源看，民法就是为了对抗公权力的干预，保障公民权利不受侵犯而产生的。民法体系的构建以权利为基本的逻辑起点，民法总则和民法分则都是围绕权利展开的。民法通过权利确认当事人的行为规则，并通过救济手段确认权利。

（5）民法是实体法。民法规定民事主体相互间权利义务的实体内容。民法作为实体法，既是行为规则，又是裁判规则。民法作为行为规则具有确立交易规则和生活规则的功能，民法作为裁判规则是司法机关正确处理民事纠纷所要依循的准则。

【论】（民法是权利法为民法的核心特征）

个人认为，民法是权利法是民法最重要的性质，有"写着人民权利的纸""人民自由的'圣经'"的美誉。从体系看，民法是一个以权利为中心，按照民事权利的分类，分层次建立的体系。从规范类型看，民法的规范多为授权性规范，授予民事主体广泛的财产权与人身权，鼓励并引导民事主体在权利范围内积极主动进行活动，这一点显著区别于以禁止性、义务性规范为主要内容的公法性法律部门。故民法是权利法是民法最重要的性质。

5. 【参考答案】

【述】（代理的概念、特征、适用范围）

代理，是指代理人以被代理人或者自己的名义，在代理权限内与第三人（又称"相对人"）实施法律行为，其法律后果直接或者间接由被代理人承担的民事法律制度。

代理的法律特征主要包括以下四个方面：① 代理人在代理权限范围内实施代理行为。这里包含三层意思：一是代理人须有代理权；二是法律规定或当事人约定只能由本人实施的行为，不得代理，如婚姻登记、立遗嘱等；三是代理人在实施代理行为时，有独立的意思表示，可视具体情况而决定表示内容，这与中介人相区别。② 代理人以被代理人的名义或者代理人自己的名义进行代理行为。前者为直接代理，后者为间接代理。我国《民法典》规定的代理包括直接代理和间接代理。③ 代理主要实施法律行为。代理主要是为被代理人设立、变更、消灭一定民事法律关系，如代签合同、代为诉讼等。④ 代理行为的后果直接或者间接由被代理人承担。代理的目的是为被代理人进行民事活动，代理人行为的效力当然归属于被代理人，包括设定的权利归被代理人享有，义务归被代理人承担，代理人的行为给他人造成的损害由被代理人赔偿。

自然人、法人可以通过代理人实施民事法律行为。但是，依照法律规定或者双方当事人约定，应当由本人实施的民事法律行为，不得通过代理人进行。这些行为包括：① 具有人身性质的行为，如立遗嘱、婚姻登记、收养子女等；② 法律规定或当事人约定应当由特定的人亲自为之的行为，如演出、讲课等。

【论】（代理的作用）

代理制度在现代社会中发挥了巨大的作用，具体如下：

（1）延伸功能：补充和扩张了民事主体的民事行为能力。比如，民事主体中的无民事行为能力人不能独立实施民事法律行为，限制民事行为能力人不能实施超出其行为能力范围的民事法律行为。有了代理制度，就使得无民事行为能力人或限制民事行为能力人的民事行为能力通过代理得到弥补。再如，完全民事行为能力人，虽有民事行为能力，但受时间、精力、专业知识等限制，也不能事必躬亲，代理制度则给他以分身之术，使其民事行为能力得以扩张。

(2) 辅助功能：充实了民事自由，使当事人意思自治得以真正实现。民法以意思自治为原则，允许当事人依其自由意思表示，设定权利，承担义务。当事人依其自由意思授权他人代为意思表示，从而充实了当事人进行民事活动的自由，使其意思自治得以充分实现。

代理制度的上述功能，大大拓展了民事主体的能力领域，从而扩展了民事法律行为和民事法律关系的范围，有力地促进了社会经济的发展。

6. 【参考答案】

【述】（债务的定义、特征，债务的给付义务与附随义务）

债务，是指债务人依照约定或法律规定向债权人作出给付的义务。债务的内容包括作为和不作为。

债务有给付义务与附随义务之分，其中给付义务又分为主给付义务与从给付义务。所谓主给付义务，是指债之关系中固有的、必备的、可以决定债的类型的基本义务。在双务合同中，主给付义务构成对待给付义务。所谓从给付义务，是指辅助主给付义务的功能实现的义务。从给付义务尽管不决定债的类型，但能够确保债权人的利益得到最大满足。从给付义务既可以基于法律的明文规定而发生，也可以基于当事人的约定而发生，还可以基于诚实信用原则及补充的合同解释而发生。所谓附随义务，是指给付义务之外的，以诚实信用原则为依据而产生的协助、保护、照顾、保密等义务。此外，在债之关系中还有所谓"不真正义务"。不真正义务没有一个与之相对应的权利，故该义务不可能被请求履行，但当事人不履行不真正义务将承担法律上的不利后果。《民法典》第583条规定的防止损失扩大的义务即为不真正义务。

【论】（强调附随义务的意义）

附随义务虽然不决定债的性质，但其依然有重大意义：① 附随义务的确立反映了诚实信用原则的价值，弥补了传统债法的不足。通说认为，附随义务的形成，其理论基础为诚实信用原则。附随义务具有可变性和不确定性，因而合同当事人很难在合同中约定附随义务的内容，而诚实信用原则具有内容的抽象性和效力的强制性的特征，从而为确认与履行扩延合同义务提供了相应的范式，弥补了合同自由原则以个人利益为本位而引发的不正当竞争，达到衡平当事人的利益，维护法律的公平正义的目的。② 附随义务的确立，适度加重了债务人的义务。法律从以前仅保障债权人实现给付义务，扩大至债权人利益的全面满足，加大了对交易秩序的保护力度。法律要求债务人履行附随义务，从表面上看，似乎使债权的内容予以扩大，反映了法律对当事人利益保护日益周密化、细致化的趋势，但实质上，还反映了以权利本位为主兼顾社会本位的现代民事立法思想。因为只有在债权人的利益得到全面保护的前提下，整个社会的交易秩序才能稳定、安全，整个社会的经济运行机制才能良性循环。所以，法律以附随义务约束债务人，不仅符合社会现实经济生活需求，而且具有保护债权人利益和稳定交易安全的双重功能。

7. 【参考答案】

【述】（平等保护的内涵、合理差别的内涵、判断标准）

根据《宪法》的规定，平等保护具有下列内涵：① 平等权的主体是全体公民，它意味着全体公民的法律地位平等。② 平等权是公民的基本权利，是国家的基本义务。公民有权利要求国家给予平等保护，国家有义务无差别地保护每一个公民的平等地位。国家不得剥夺公民的平等权，也不能允许其他组织和个人侵害公民的平等权。③ 平等权意味着公民平等地享有权利、履行义务。平等不能和特权并存，平等也不允许歧视现象存在。④ 平等权是贯穿于公民其他权利的一项权利，它通过其他权利，如男女平等、民族平等、受教育权平等而具体化。

合理差别具有下列内涵：① 依据年龄差异所采取的责任、权利等方面上的合理差别。比如我国《宪法》规定年满18周岁的公民才拥有选举权和被选举权，就属于这种类型。② 依据生理差异所采取的合理差别。比如女性的孕期保护。③ 依据民族差异所采取的合理差别。比如我国法律对于少数民族在政治、经济、文化等领域实行的优待措施。

一般来说，判断政府的措施是合理差别还是违反平等保护的歧视性做法的标准如下：① 政府进行差别对待的目的必须是为了实现正当的而且是重大的利益；② 这种差别对待必须是实现其所宣称的正当目标的合理的乃至是必不可少的手段；③ 政府负有举证责任。

【论】（平等保护与合理差别的关系）

平等权具有相对性，平等并非无差别，平等也不是搞平均主义，不是追求绝对的结果的平等。形式上的平等旨在反对不合理的差别，而实质上的平等则必然承认合理的差别。这两个方面构成了一种相辅相成、互为一体的关系。宪法学上通常认为合理差别产生的依据是比例原则，即公民应该得到与自己的优点、能力、贡献、需要、群体类别等相称的待遇，这是一种相对的平等。

承认合理差别的存在即是追求一种实质上的平等，是为了在一定程度上纠正由于保障形式上的平等所招致的事实上的不平等，依据各个人的不同属性分别采取不同的方式。在就业领域，某些特殊的职业会对人的身高、健康状况等有更严格的要求，例如飞行员、警察等，这是由职业本身的特殊性决定的，那么这样的差别就是合理的差别，而同在公务员的招录过程中，如采用上述标准，则显得并无必要。可见，合理差别的判断很难确定统一的量化的标准，因此，在具体适用过程中，需要依据一定的原则进行综合判断。

8. 【参考答案】

【述】（国家结构形式的概念、单一制的概念、单一制的宪法规定、我国实

行单一制的原因）

国家结构形式，是指国家整体与组成部分、中央与地方的相互关系。国家结构形式与政权组织形式都属于国家的形式，两者的区分主要在于国家对权力的配置上，国家结构形式体现的是纵向的权力配置关系。

单一制，是指由若干不具有独立性的行政单位或自治单位组成，各组成单位都是国家不可分割的组成部分的一种国家结构形式。单一制的特征有：全国只有一部宪法和一个统一的法律体系；只有一个中央政权机关，各地方的自治单位或行政单位受中央的统一领导；每个公民只有一个国籍；国家整体在国际关系中是唯一的主体。

中国是社会主义性质的国家，在国家结构形式的问题上坚持了马克思主义关于国家结构形式的基本观点，并充分考虑了中国的实际。从中华人民共和国成立初期的《中国人民政治协商会议共同纲领》到现行《中华人民共和国宪法》，都肯定了中华人民共和国是全国各族人民共同缔造的统一的多民族国家。我国实行的是单一制。

中国之所以采用单一制结构形式，是由我国政治、经济、民族发展的现实需要决定的，也是我国历史上单一制结构形式的延续。具体说来，这些原因主要有：①实行单一制是由我国民族关系的历史和各民族的居住现状所决定的，是保障各少数民族与汉族平等发展的需要；②实行单一制是由我国经济发展的实际需要所决定的，也是缩小各少数民族与汉族之间经济文化发展差距的有效途径；③实行单一制是由我国政治发展的基本需要所决定的，有利于国家统一和政治稳定。

【论】（实行单一制的意义）

在单一制国家，地方对中央有比较强烈的向心力和依赖性，中央的支配地位明显，核心作用强。整个国家凝聚力强，不容易发生分离运动和独立运动，国家机器可以比较顺利地运转，国家可以集中精力办大事。这就是单一制国家最大的优点。在民族成分和地理条件比较复杂，历史问题繁乱的国家和地区，单一制的这个优势愈加的明显。

9. 【参考答案】

【述】（言论自由的含义、分类、宪法规定）

言论自由，是指公民通过口头等形式表达其意见和观点的自由。它是公民政治权利最重要的内容之一。从表现形式上来看，广义的言论自由还包括借助于绘画、摄影、雕塑、出版、影视、广播、戏剧等手段来展现自己的意见和观点的自由。

从言论的内容上进行分类，可以将言论分成政治言论和非政治言论。而非政治言论中则包含商业言论、学术言论、艺术言论等多种内容。对言论自由中政治言论的保护是宪法设定此基本权利的主要目的。所以，我们把言论自由视为是政治权利的重要内容。但是，我们也不能忽视宪法对公民言论自由的保护，除了保护公民的政治言论之外，其他类型的言论同样受到宪法的保护，只是视其政治重要程度而赋予不同程度的保护。

中华人民共和国成立以来，从《中国人民政治协商会议共同纲领》到之后的 1954 年《宪法》、1975 年《宪法》、1978 年《宪法》、1982 年《宪法》，都将言论自由作为公民的一项权利写入其中。1966 年联合国《公民权利和政治权利国际公约》规定，"人人有保持意见而不受干预之权利""人人有发表自由之权利"。可见，言论自由已发展成为国际社会普遍的基本准则。

【论】（言论自由的意义）

言论自由在政治生活中有重大意义：

（1）言论是公民表达思想、传播信息、形成集体意志的最常用方式，也是发表观点的最重要方式，享有言论自由是公民进行日常交流的需要，也是公民参与政治、监督政府的需要，故言论自由是政治自由之基础。国家不可以以真理和谬误的标准来衡量公民的言论。

（2）言论自由是民主政治的重要表现，民主政治要求公众的参与，言论自由是人们参与民主政治的基础。

（3）言论自由使得社会的总功利达到最大化。压制一个意见，如果意见是正当的，那么人们就被剥夺了认识真理的机会；如果意见是谬错的，那么人们就失去了从错误中进一步认识真理的机会。不论是哪种情况，迫使一个意见不能发表都将造成社会总功利的损失。

（4）言论自由是民主政治的前设，其之于民主政治的首要效力在于民主对话。任何一个社会都不可能是同质的社会，社会中不同的阶层在解决公共问题的过程中通过对话达致共识。这种对话不仅应该是平等的，而且必须是自由的，否则所达成的共识便是不实的。

（5）言论自由保证了个体意志不为公共意志所压制。当公共意志通过压制言论自由来抹杀个体意志，民主的体制就遭受到破坏。言论自由的可贵之处不仅在于其允许人们表达与公众观点相一致的意见，更多地在于允许人们表达为社会大众所反对的意见。

（6）言论自由促进了不同群体之间、公民与政府之间的信任，成为民主秩序稳定的基础。言论自由使得在大众接受真理之前，不同的意见得到公平的表达机会，这种言论自由所具有的内在正当性使得其导向的结果能够为大多数人所接受，从而促进了不同群体之间的信任。

10.【参考答案】

【述】（正义的内涵、作用、通过司法实现正义是"看得见的方式"的关键）

正义是人类追求的共同理想，也是法律的核心价值。它以利益为依归，是对利益的正当分配。一般认为，作为社会基本结构的社会体制的正义，是最为根本和具有决定意义的正义，是社会的首要正义。

正义作为法律价值的作用包括：① 正义是法律的存在根据和评价标准。法律的好坏需要评价标准，正义就是检验现实中法律好坏的根本标准和依据。② 正义是法律发展和进步的根本动因。正义始终引导着包括法律在内的社会基本制度革故鼎新，使法律等社会制度最大限度地符合正义的时代要求。③ 正义适用于具体的法律实践。作为法的价值的正义往往在法律适用与法律推理中成为解释法律的重要根据，成为解决疑难案件、填补法律空白或漏洞的依据。

通过司法实现正义是"看得见的方式"的关键，主要通过下列措施实现：(要点凑不够时，也可以借鉴其他司法原则改写)

(1) 保障实体公正和程序公正。其中实体公正主要是指司法裁判的结果公正，当事人的权益得到充分的保障，违法犯罪者受到应得的惩罚和制裁。程序公正主要是指司法过程的公正，司法程序具有正当性，当事人在司法过程中受到公平的对待。

(2) 保障司法活动的合法性、独立性、有效性，裁判人员的中立性，当事人地位的平等性以及裁判结果的公正性。我国政府签署加入的《公民权利和政治权利国际公约》第14条第1款规定：人人在法院或法庭之前，悉属平等。任何人受刑事控告或因其权利义务涉讼须予判定时，应有权受独立无私之法定管辖法庭公正公开审问。法院得因民主社会之风化、公共秩序或国家安全关系，或于保护当事人私生活有此必要时，或因情形特殊公开审判势必影响司法而在其认为绝对必要之限度内，禁止新闻界及公众旁听审判程序之全部或一部；但除保护少年有此必要，或事关婚姻争执或子女监护问题外，刑事民事之判决应一律公开宣示。这是对司法公正的最低标准的规定，是司法公正的必然要求和体现。

(3) 坚持司法责任原则。司法责任原则，是指司法机关和司法人员在行使司法权过程中侵犯了公民、法人和其他社会组织的合法权益，造成严重后果而应承担的一种责任制度。司法责任原则是根据权力与责任相统一的法治原则而提出的权力约束机制。

(4) 坚持司法审判独立原则。根据宪法和有关法律的规定，这项原则的基本含义是：① 司法权的专属性，即国家的司法权只能由国家各级审判机关和检察机关统一行使，其他任何机关、团体和个人都无权行使此项权力；② 行使职权的独立性，即人民法院、人民检察院依照法律独立行使自己的职权，不受行政机关、社会团体和个人的干涉；③ 行使职权的合法性，即司法机关审理案件必须严格依照法律规定，正确适用法律，不得滥用职权，枉法裁判。

【论】（为什么正义需要以看得见的方式实现）

司法机构对一个案件的判决，即使非常公正、合理、合法，也还是不够的；要使裁判结论得到人们的普遍认可，裁判者必须确保判决过程符合公正、正义的要求。因此，所谓"看得见的正义"，实质上就是指裁判过程（相对于裁判结果而言）的公平，法律程序（相对于实体结论而言）的正义。

司法是正义的最后防线，也是法治的生命线。司法不公，则权利受损；司法不公，则社会不稳；司法不公，则法治不存。一次不公正的审判，其恶果甚至超过十次犯罪。因为犯罪虽是无视法律——好比污染了水流，而不公正的审判则毁坏法律——好比污染了水源。司法公信力是法治的基本要求，也是社会主体普遍关注的重点。司法不公的深层次原因在于司法体制不完善、司法职权配置和权力运行机制不科学、人权司法保障制度不健全。所以，必须完善司法管理体制和司法权力运行机制，规范司法行为，加强对司法活动的监督，努力让人民群众在每一个司法案件中感受到公平正义。

司法公正是司法的生命和灵魂，是司法的本质要求和终极价值准则，追求司法公正是司法的永恒主题，也是民众对司法的期望。当今中国正在进行司法改革，它包括制度、程序和体制的改革以及建立现代司法制度，其最终目的就是为了实现司法公正，并通过司法公正维护和促进社会公正。

11. 【参考答案】

【述】（法治社会的概念、具体建设措施）

法治社会是社会依法治理、社会成员人人崇尚法治和信仰法治、社会组织依法自治、社会秩序在法治下和谐稳定的社会。社会是人与人之间相互关系的总和，法治社会是与法治国家相互关联、相辅相成的。没有法治社会，便没有法治国家。

因此，全面依法治国，必须推进法治社会建设。具体措施包括：① 全社会树立法治意识。法律的权威来自人民的内心拥护和真诚信仰。通过法治宣传教育，弘扬社会主义法治精神、建设社会主义法治文化，使全体人民自觉依法行使权利、履行义务、承担社会和家庭责任。② 社会组织多层次、多领域依法治理。坚持系统治理、依法治理、综合治理、源头治理，提高社会治理法治化水平，支持各类社会主体自我约束、自我管理。③ 党和国家依据宪法、法律治理社会。按照《中共中央关于全面推进依法治国若干重大问题的决定》的要求，建设完备的法律服务体系。推进覆盖城乡居民的公共法律服务体系建设，加强民生领域法律服务。完善法律援助制度。健全依法维权和化解纠纷机制。强化法律在维护群众权益、化解社会矛盾中的权威地位，引导和支持人们理性表达诉求、依法维护权益，解决好群众最关心最直接最现实的利益问题。

【论】（法治社会建设的意义）

建设法治社会的意义如下：

（1）法治社会建设有助于国人树立真正的主人意识。法治社会建设之所以有助于主人意识的培育，是因为人民根据宪法作为国家的主人，虽然可以通过政治选举来体现，但选举的机会毕竟很少，仅此人们很难有作为主人的体验。如果人们能够积极投身法治社会的建设，比如非政治性公共事务的治理，就会有作为主人的体验。真正的法治社会人人法律地位平等，不允许将自己的个人意志强加他人，处理社会事务需要大家积极参与，发表自己的意见，经过共同协商、妥善寻求解决问题的规则和办法，对达成的共识自觉遵守，久而久之就会形成主人意识。

（2）法治社会建设有助于公民树立良好的法律意识。法治社会建设主要体现为社会民众对社会事务的自我治理，这有利于培育民众的平等意识。社会事务的自我治理主要采取两种形式：一是直接通过缔结契约来解决，适用于少数人，特别是两个人之间事务的处理；二是建立自治组织，通过自治组织治理，它适用于众多人共同事务的处理，比如生活小区物业管理。这两种形式都以每一成员人格独立、地位平等为前提。在自治组织里面虽然也存在管理者，但管理者是成员合意推选的，扮演的是服务的角色，成员间地位平等。只要大家积极投入社会治理实践，平等意识便会逐步增强。

12.【参考答案】

【述】（司法解释的含义、分类、作用）

司法解释是国家最高司法机关对司法工作中具体应用法律问题所作的解释。司法解释分为最高人民法院的审判解释和最高人民检察院的检察解释。审判解释是指由最高人民法院对人民法院在审判过程中具体应用法律问题所作的解释。我国的审判解释权由最高人民法院统一行使，地方各级人民法院都没有对法律的审判解释权。检察解释是指由最高人民检察院对人民检察机关在检察工作中具体应用法律问题进行的解释。在司法实践中，审判机关和检察机关为了更好地协调和配合，统一认识，提高工作效率，就如何具体应用法律的问题，有时采用联合解释的形式，共同发布司法解释文件。

司法解释的基本作用是为司法机关适用法律审理案件提供说明。这种作用具体表现为：① 对法律规定不够具体而使理解和执行有困难的问题进行解释，赋予比较概括、原则的规定以具体内容。② 通过司法解释使法律适应变化了的社会情况。法律调整应当与社会现实相协调，应当随社会的发展而赋予某类行为以相应的法律意义，作出适合社会发展的评价。③ 对法律适用中的疑问进行统一解释。一种情况是在法律适用过程中对具体法律条文理解不一致的，通过解释，统一认识，正确司法；另一种情况是为统一审理标准，针对某一类案件、某一问题或某一具体个案，就如何理解和执行法律规定而作出统一解释。④ 对各级法院之间应如何依据法律规定相互配合审理案件，确定管辖以及有关操作规范问题进行解释。⑤ 通过解释活动，弥补立法的不足。

【论】（我国需要司法解释的原因）

司法解释是法官和审判组织根据宪法赋予的司法权，在审判工作中为具体运用法律，结合社会发展现状和法律价值取向对包括法律事实在内的审判依据所作的具有司法强制力的理解和阐释。它并不是与法律同时产生的。最初的法律解释权由统治者一人独揽，随着社会的不断发展，权力机关、立法机关对司法实践中的法律适用问题也开始进行解释，但是无论是最初的由统治者一人释法还是后来的由权力机关、立法机关释法都不能适应审判工作的实践需要，因此司法解释即司法机关对法律的解释才应运而生。

第五节　法条分析题刻意练习答案解析

1. 【参考答案】

（1）该条文规定了罪刑法定原则。它的基本内容是：① 法定化，即犯罪和刑罚必须事先由法律明文规定。② 明确化，即对于什么行为是犯罪以及犯罪所产生的法律后果，都必须作出具体的规定并用文字表述清楚。③ 合理化，即要求合理确定犯罪的范围和惩罚的程度，防止滥施刑罚，禁止采用过分的、残酷的刑罚。(对基础概念的考查，直接答出罪刑法定原则，分点答出罪刑法定原则的基本内容，并适当扩展解释)

(2) 罪刑法定原则在实践中主要体现在：① 在刑事立法上，刑法总则规定了犯罪的一般定义、共同构成要件、刑罚的种类、刑罚运用的具体制度等；刑法分则明确规定了各种具体犯罪的构成要件及其法定刑，为正确定罪量刑提供了明确、完备的法律标准。② 在刑事司法上，废除了刑事司法类推制度，要求司法机关严格解释和适用刑法，依法定罪处刑。(对基础概念的考查，分点答出罪刑法定原则在立法、司法等实践中的体现即可)

(3) 本条文中的"法律"，指全国人大及其常委会制定的法律，不包括行政法规、地方性法规。(对基础概念的考查，直接答出本条文中法律涵盖的内容即可)

2.【参考答案】

(1) "公序"即公共秩序，它包括政治的公序和经济的公序。政治的公序主要是保护国家和家庭的公共秩序。经济的公序包括指导的公序和保护的公序。在现代社会，指导的公序日渐式微，保护的公序逐渐占据重要地位。"良俗"即善良风俗，是指一国或地区在一定时期占主导地位的一般道德或基本伦理要求。(对基础概念的考查，分别解释"公序"的概念及涵盖的具体内容和"良俗"的概念及涵盖的具体内容)

(2) 公序良俗原则的地位：公序良俗原则是现代民法的一项重要法律原则，具有维护社会一般利益以及一般道德观念的重要功能。民法规范的禁止性规定不可能涵盖一切损害社会公共利益和道德秩序的行为，因而需要依据公序良俗原则授予法官自由裁量权以处理民事案件。(对基础概念的考查，首先明确公序良俗原则的概念进而阐述其地位)

(3) 违反公序良俗的行为主要有：危害国家公序的行为、危害家庭关系的行为、违反两性道德准则的行为、射幸行为、违反人权和人格尊严的行为、限制营业自由的行为、违反公共竞争的行为、违反消费者保护的行为、违反劳动者保

护的行为、暴利的行为等。(对基础概念的考查，直接答出违反公序良俗的行为即可)

3. 【参考答案】

(1) 该条文规定了罪责刑相适应原则。其含义是指刑罚的内容，应当与犯罪分子所犯罪行和承担的刑事责任相适应。(对基础概念的考查，直接答出罪责刑相适应原则的概念即可)

(2) 罪责刑相适应原则的基本内容如下：① 刑罚的轻重与客观的犯罪行为及其危害结果相适应，即按照犯罪行为对社会造成的实际危害程度决定刑罚轻重。② 刑罚的轻重与犯罪人主观恶性的深浅、再次犯罪危险性的大小相适应。(对基础概念的考查，分点答出罪责刑相适应原则的基本内容即可)

(3) 罪责刑相适应原则在刑法中体现如下：① 刑法分则对每一个罪都根据其性质、情节和其对社会的危害程度规定了相应的法定刑，体现了对重罪适用重刑，对轻罪适用轻刑。② 刑法总则规定在裁量刑罚时，应尽量使刑罚与具体犯罪行为的社会危害性相适应，罚当其罪。③ 刑法总则规定刑罚应与犯罪人主观恶性、人身危险性相适应。(对基础法条理解的考查，分点答出罪责刑相适应原则在刑法分则、总则中的体现即可)

4. 【参考答案】

(1) "出生证明"，即出生医学证明，记载有新生儿的姓名、性别、出生时间、父母亲的姓名等。"死亡证明"，指有关单位出具的证明自然人死亡的文书。(对基础概念的考查，答出"出生证明""死亡证明"的概念即可)

(2) "户籍登记"，是国家公安机关按照国家户籍管理法律法规，对公民的身份信息进行登记记载的制度。"其他有效身份登记"，包括我国公民居住证、港澳同胞回乡证、台湾居民的有效旅行证件、外国人居留证等的登记。(对基础概念的考查，答出"户籍登记""其他有效身份登记"即可)

(3)"有其他证据足以推翻以上记载时间的,以该证据证明的时间为准",是指有确切的证据证明自然人的出生、死亡时间,且该证据证明的时间与之前的记载时间不一致的,以该证据证明的时间为准。(对基础法条理解的考查,答出即可)

(4)《民法典》第1121条第2款规定:"相互有继承关系的数人在同一事件中死亡,难以确定死亡时间的,推定没有其他继承人的人先死亡。都有其他继承人,辈份不同的,推定长辈先死亡;辈份相同的,推定同时死亡,相互不发生继承。"(对基础法条理解的考查,按照不同的情况答出推定死亡的先后顺序即可)

5.【参考答案】

(1)本条体现了属地原则,即以本国领域为适用刑法范围,不论犯罪人是本国人还是外国人,凡是在本国领域内犯罪者,一律适用本国刑法。(对基础概念的考查,直接答属地原则及其概念即可)

(2)本条第1款所谓"除法律有特别规定的以外",主要是指《刑法》第11条所规定的"享有外交特权和豁免权的外国人的刑事责任,通过外交途径解决",以及香港、澳门特别行政区发生的犯罪由当地的司法机构适用当地的刑法。(对基础法条理解的考查,直接答出"特别规定"即可)

(3)"中华人民共和国领域"包括领陆、领水、领空,以及中华人民共和国的船舶或者航空器。我国驻外使领馆视同为我国领域。(对基础概念的考查,直接答出我国领域的范围即可)

6.【参考答案】

(1)宣告死亡的条件:①自然人下落不明达到法定的期间。详见《民法典》第46条规定的几种情况。②必须要由利害关系人向人民法院提出申请。③必须由人民法院经过法定程序,宣告自然人死亡。(对基础法条理解的考查,答出宣

告死亡的条件即可，注意分点作答)

(2)"利害关系人"，是指与被宣告人是生存还是死亡的法律后果有利害关系的人。总则编没有规定利害关系人申请宣告死亡的顺序，因此没有顺序限制。(对基础概念的考查，答出"利害关系人"的概念即可；拓展回答是否有顺序，并说明原因)

(3)宣告死亡的公告期：人民法院受理宣告死亡的案件后，应当发出寻找下落不明人的公告，公告期为1年；因意外事件下落不明，经有关机关证明该公民不可能生存的，宣告死亡的公告期为3个月。(对基础法条理解的考查，答出宣告死亡的公告期即可，注意不同情形下公告期的不同)

(4)宣告失踪不是宣告死亡的必经程序。(对基础法条理解的考查，直接答出即可)

(5)自然人被宣告死亡期间并未死亡的，其仍然具有民事主体的资格，当然享有民事权利能力，其在被宣告死亡期间实施的民事法律行为的效力不受宣告死亡的影响。(对基础法条理解的考查，直接答出即可)

(6)"再婚"包括被宣告人的配偶重新与他人结婚，与他人结婚后又离婚两种情形。"向婚姻登记机关书面声明不愿意恢复"，是指被宣告人的配偶向婚姻登记机关提出不愿意恢复夫妻关系的书面声明。(对基础法条理解的考查，直接答出即可)

(7)本条是对收养关系的保护，即在被宣告人被宣告死亡期间，其子女被他人合法收养的，即使死亡宣告被撤销，收养关系仍然有效，其与被收养的子女之间不再具有父母子女关系。(对基础法条理解的考查，直接答出即可)

(8)被撤销死亡宣告的人有权依照《民法典》继承编请求取得其财产的民事主体返还财产。无法返还的，应当给予适当补偿。(对基础法条理解的考查，直接答出即可)

(9) 战争期间下落不明满4年可申请宣告死亡，不能等同于因意外事件下落不明。（对基础法条理解的考查，直接答出即可，注意区分不能等同于因意外事件下落不明）

(10) 被撤销死亡宣告的人请求返还财产，其原物已被第三人合法取得的，第三人可不予返还。但依继承法取得原物的公民或者组织，应当返还原物或者给予适当补偿。（对基础法条理解的考查，直接答出即可）

7. 【参考答案】

(1) 海盗罪、劫持航空器罪、毒品犯罪、跨国拐卖人口犯罪等国际条约规定的危害人类共同利益的犯罪。（对基础法条理解的考查，直接答出我国参加或者缔结的国际条约里面所规定的罪行即可）

(2) 我国行使普遍管辖的条件有：① 必须是海盗罪、劫持航空器罪、毒品犯罪、跨国拐卖人口犯罪等国际条约规定的危害人类共同利益的犯罪。② 我国缔结或者参加的国际条约，声明保留的除外。③ 我国刑法将这种行为也规定为犯罪。（对基础法条理解的考查，直接答出我国行使普遍管辖权的条件即可）

(3) 根据普遍管辖原则行驶管辖权时，即使该罪行不是发生在中国领域，未侵犯中国国家和公民利益，犯罪人不具有中国国籍，我国司法机关也有权管辖该案件。要么适用我国刑法定罪处罚，要么按照我国参加、缔结的国际条约实行引渡。（对基础法条理解的考查，先解释普遍管辖原则的适用规则，再区分作答在实践中如何适用）

8. 【参考答案】

(1) 特别法人"特别"在此类法人具有行使公权力的职能。（对基础概念的考查，答出"特别"在具有行使公权力的职能）

(2) "机关法人"是指有独立经费的机关和承担行政职能的法定机构，例如行政机关（人民政府、司法局等）、司法机关（法院、检察院）。"基层群众性自治组织法人"是指具有法人资格的基层群众性自治组织，其可以从事为履行职能所需要的民事活动，例如居民委员会、村民委员会。（对基础概念的考查，直接答出"机关法人""基层群众性自治组织法人"的概念即可）

（3）机关法人自成立之日起，具有法人资格。机关法人被撤销的，法人资格终止，其民事权利和义务由继任的机关法人享有和承担；没有继任的机关法人的，由作出撤销决定的机关法人享有和承担。（对基础概念的考查，答出何时具有法人资格，且注意法人资格的终止和转移）

9.【参考答案】

（1）我国《刑法》规定的犯罪有如下特征：① 严重的社会危害性，即指犯罪行为对于我国刑法所保护的各种利益及其整体的危害；② 刑事违法性，即指犯罪行为违反刑法规范；③ 应受刑罚处罚性，即指犯罪行为应当受到刑法的否定性评价和刑罚处罚。（对基础概念的考查，分点作答犯罪的特征即可）

（2）"但书"规定指出了区分罪与非罪的一般标准。"但书"规定将那些虽然具有一定程度的社会危害性，但情节显著轻微、社会危害性不大的行为排除在犯罪范畴之外，即指刑法认为这类行为根本不构成犯罪，而非免予刑事处罚或不以犯罪论处。（对基础法条理解的考查，答出"但书"规定的区分作用即可）

（3）"不认为是犯罪"指这种行为本来就不构成犯罪，不能理解为虽然已经构成了犯罪，但危害不大又"不以犯罪论处"；也不能理解为虽然已经构成犯罪，但免予刑罚处罚或者予以非刑罚处罚。（对基础法条理解的考查，正确理解法条中"不认为是犯罪"就是不构成犯罪）

10.【参考答案】

（1）非法人组织的特征：① 非法人组织是具有稳定性的人合组织；② 非法

人组织具有相应的民事权利能力和民事行为能力，而非一般意义上的民事权利能力和民事行为能力；③非法人组织不能完全独立承担民事责任。（对基础概念的考查，直接答出非法人组织的特征即可，注意分点作答）

(2)"个人独资企业"是指依照《个人独资企业法》在中国境内设立，由一个自然人投资，财产为投资人个人所有，投资人以其个人财产对企业债务承担无限责任的经营实体。"合伙企业"是指自然人、法人和其他组织依照《合伙企业法》在中国境内设立的普通合伙企业和有限合伙企业。"不具有法人资格的专业服务机构"是指应用某方面的专业知识和专门知识，按照服务对象的需要和要求，在相应专业知识领域内提供服务的社会组织，并且该组织不能依据法人的设立条件登记为法人。

个人独资企业与一人公司不一样，区别在：①个人独资企业不具有法人资格，一人公司具有法人资格。②个人独资企业投资人以其个人财产对企业债务承担无限责任，一人公司以投资的财产承担有限责任，除非不能证明自己的个人财产独立于公司财产。③个人独资企业的投资主体是自然人，一人公司的投资主体可以是自然人或法人。（对基础概念的考查，分别答出"个人独资企业""合伙企业""不具有法人资格的专业服务机构"的概念，并分点答出个人独资企业和一人公司的区别）

(3)非法人组织的财产不足以清偿债务的，其出资人或者设立人承担无限责任。（对基础概念的考查，直接答出非法人组织如何承担清偿责任）

11. 【参考答案】

(1)犯罪故意的特征有两个：①认识因素，即行为人明知自己的行为会发生危害社会的结果。②意志因素，即行为人希望或者放任这种危害结果的发生。（对基础概念的考查，分点答出故意犯罪的特征即可）

(2)"明知"的范围包括：①对行为、结果以及它们之间的因果关系这样的客观事实的明确认识，具体而言是对犯罪构成事实所属情况的认识。例如，走私、运输、贩卖毒品罪的故意，必须要求对走私、运输贩卖行为和对象是毒品有认识。如果行为人不知道某种物体是毒品而携带、运输、贩卖的，不能成立该种犯罪的故意。② 对行为及其结果具有社会危害性的认识。这是对犯罪故意进行否定评价的根据。故意的显著特征是明知不可为而为之，因此故意的认识内容应包括行为人知道自己的所作所为是损害社会或者他人利益的，是"坏事"。(对基础法条理解的考查，分点答出明知的范围，最好举例说明)

(3) ① 所谓"希望"，表现为行为人对结果的积极追求，把它作为自己行为的目的，并采取积极的行动为达到这个目的而努力。② 所谓"放任"，就是听其自然，纵容危害结果的发生，对危害结果的发生虽然不积极追求但也不设法避免。(对基础法条理解的考查，分别答出"希望"和"放任"具体所指即可)

(4) 犯罪故意分为直接故意和间接故意。

它们之间的相同点：① 从认识因素看，都是"明知自己的行为会发生危害社会的结果"；② 从意志因素看，都不排斥危害结果的发生。由此说明和决定了二者都具有故意的性质。

它们之间的不同点：① 从认识因素看，二者对危害结果发生认识程度有所不同。在直接故意的情况下，行为人认识到危害结果发生的可能性或者必然性；间接故意的情况下，行为人认识到危害结果发生的可能性。假如行为人认识到危害结果发生的必然性还执意为之造成该结果，那么合理的认定是行为人对该结果持希望态度，具有直接故意。② 从意志因素看，二者对危害结果发生的态度明显不同。直接故意是希望这种危害社会的结果的发生，对结果是积极追求的态度；间接故意则是放任这种危害社会结果的发生，不是积极追求的态度，而是任凭事态发展。③ 特定的危害结果是否发生对二者具有不同的意义。在直接故意的场合，即使追求的特定危害结果没有实际发生，通常也应当追究预备、未遂的罪责;在间接故意的场合,如果没有实际发生特定危害结果,就无犯罪的成立。(对基础法条理解的考查,答出犯罪故意分为直接故意和间接故意,并分点具体阐述二者的异同)

12.【参考答案】

(1)"征收",是指国家以行政权取得集体、单位和个人的财产所有权的行为。"征用",是指国家为了抢险、救灾等公共利益需要,在紧急情况下强制性地使用单位、个人的不动产或者动产。(对基础概念的考查,直接答出"征收""征用"的概念即可)

(2)"为了公共利益的需要",是指为了能够满足一定范围内所有人生存、享受和发展的,具有公共效用的资源和条件的需要。(对基础概念的考查,直接答出"公共利益的需要"的概念即可)

(3)补偿与赔偿的区别:① 两者法律含义不同,赔偿意味着赔偿方存在法律上的过失,如侵权或者违约,需要承担赔偿对方全部损失的法律后果,包括精神损害赔偿;而补偿则意味着补偿方不存在法律过失,仅仅是因为合法进行的法律行为而给相对方造成了合法利益损害,从公平原则出发,应该给予补偿,并且补偿时需要考虑双方利益均衡,以合理为必要。② 补偿带有补充性,赔偿带有惩罚性。所以如获得补偿,其价值一定是比相应的标的赔偿金额要少。惩罚性是要对行为人的行为作出一定的惩处,补偿只是对行为人给对方造成的损失进行弥补,是不带有惩罚性的。(对基础概念的考查,分点作答二者的区别即可)

13.【参考答案】

(1)① 起因条件:必须有危险发生。就是出现了足以使合法权益遭受严重损害的危险情况,如自然灾害、动物侵袭、人的行为、生理或者病理原因等使合法利益面临着紧急的危险。

② 时间条件:实际存在的、正在发生的危险。也就是说,危险是客观存在

的，而不是主观想象、推测的；这种危险是正在发生的，十分紧迫。

③ 对象条件：避险行为针对的对象是第三人的合法利益。紧急避险是为了保全一方的较大合法利益而不得不损害另一方较小的合法利益。

④ 主观条件：为了使合法利益免受正在发生的危险。这是避险目的正当性的条件。法律不认可为保护非法利益而采取避险行为。

⑤ 限制条件：在不得已的情况下实施。所谓"不得已"是指采取紧急避险是唯一的途径，别无选择。紧急避险是以牺牲较小利益的方式保全较大利益，只要有其他办法能避免危险，就不应采取牺牲某种利益的方法。

⑥ 限度条件：避险行为不能超过必要限度造成不应有的危害。紧急避险的必要限度，应是避险行为所造成的损害必须小于所保护的权益，而不能等于或大于所保护的权益。

⑦ 特别例外。关于避免本人危险的规定，不适用于职务上、业务上负有特定责任的人。（对基础法条理解的考查，分点答出紧急避险成立的条件，并就不同的条件作扩展解释）

（2）紧急避险与正当防卫的相同点：① 目的相同。都是为了保护公共利益，本人或者他人的人身或其他合法权利。② 前提相同。都必须是在合法权益正在受到紧迫危险时才能实施。③ 责任相同。在合理限度内给某种利益造成一定的损害，都可以不负刑事责任；如果超出法定限度造成损害结果的，都应当负刑事责任，但应当减轻或免除处罚。

紧急避险与正当防卫的区别：① 危害的来源不同。紧急避险的危害来源非常广泛，既可以是人的不法侵害，也可以是自然灾害、动物侵袭等，而正当防卫的危害来源只能是人的不法侵害。② 行为所损害的对象不同。紧急避险损害的对象是第三者，正当防卫损害的对象只能是不法侵害者本人。③ 行为的限制条件不同。紧急避险只能在迫不得已时，即在没有其他方法可以避免危险的情况下才能实行，而正当防卫则无此限制。④ 对损害程度的要求不同。紧急避险损害的合法利益必须小于所保护的合法利益，而正当防卫所造成的损害可以大于不法侵害者可能造成的损害。⑤ 主体的限定不同。正当防卫是每一个公民的权利，而紧急避险不适用于职务上、业务上负有特定责任的人。

区别正当防卫、紧急避险的实际意义在于衡量是否过当的标准不同。正当防卫涉及合法与不法的冲突，其衡量是否过当的标准明显有利于防卫方，即使防卫人对不法侵害人造成的损害大于不法侵害人可能造成的损害，也可能被认为是必要的；而紧急避险涉及两个合法利益在紧迫情况下发生冲突，不得已舍弃一个保全另一个，其衡量是否过当的标准是平等的，甚至略微偏向被避险一方，即使避险行为损害的利益与保全的利益相等，也可认为避险过当。（对基础法条理解的考查，分点答出紧急避险和正当防卫的相同点和不同点，注意对每个点进行拓展解释，再总结区别正当防卫、紧急避险的实际意义）

（3）① 避险过当的特征：第一，在客观上造成了不应有的损害，即避险行为造成的损害大于或等于所保全的利益。第二，主观上对造成的不应有的损害存在过失，应受到责备。但是鉴于行为人是在紧急情况下、在具备避险的前提条件下造成的不适当损害，所以只有在造成较为严重的不应有的损害时，才有必要认定为避险过当，追究刑事责任。

② 避险过当的刑事责任：紧急避险超过必要限度造成不应有的损害的，应当负刑事责任，但是应当酌情减轻或者免除处罚。避险过当不是独立的罪名，避险过当意味着不能排除行为人对造成的不应有的损害的非法性，在追究刑事责任时应当根据具体情况确定罪名，依法减轻或免除处罚。（对基础法条理解的考查，第一问分点写出避险过当的特征即可，第二问答出避险过当应当承担刑事责任的具体内容）

14.【参考答案】

（1）本条规定了无因管理之债。其构成要件为：① 为他人管理事务；② 有为他人谋利益的意思；③ 没有法定或约定的义务。（对基础概念的考查，直接答出无因管理之债，并分点答出其构成要件）

（2）"没有法定的或者约定的义务"，是指没有法律的规定或者当事人之间的约定而产生的义务。前者如扶养义务，后者如受托人对委托人承担的义务。有无法定义务和约定义务应当依管理人开始管理时的客观事实而定。（对基础概念的考查，直接答出"没有法定的或者约定的义务"的概念，并举例说明）

（3）"为避免他人利益受损失"，是指完全为避免他人利益遭受损失，或者既为避免自己利益遭受损失也为避免他人利益遭受损失而为特定人的利益着想的心理。（对基础概念的考查，答出"为避免他人利益受损失"的概念即可）

（4）"必要费用"是指：①管理他人事务而产生的费用和利息；② 因管理他人事务而产生的债务；③ 因管理他人事务而产生的财产损害和人身损害。（对基础概念的考查，分点答出必要费用的内容即可）

15.【参考答案】

（1）本条第1款中的"着手"，是指行为人已经从犯罪预备阶段进入实行阶段，开始实行刑法分则条文所规定的某种犯罪的基本构成要件的行为。（对基础法条理解的考查，直接答出"着手"的概念即可）

（2）本条第1款中的"未得逞"，是指犯罪没有既遂，犯罪分子没有实现本法分则规定的具体犯罪的全部犯罪构成要件。（对基础法条理解的考查，直接答出"未得逞"的概念即可）

（3）①本条第1款中的"意志以外的原因"，是指不以犯罪分子主观意志为转移的一切原因。②"意志以外的原因"主要包括：被害人的反抗、第三者的阻止、自然力的阻碍、物质的阻碍、犯罪人能力不足、认识发生错误等。（对基

础法条理解的考查，直接答"意志以外的原因"的概念及其包括的内容即可)

(4) 迷信犯或者愚昧犯与不能犯未遂区别的要点是：① 迷信犯、愚昧犯是行为人犯了常识错误，如认为能把人咒死、发气功弄死，这种认识从常识上讲是错误的。而不能犯未遂没有犯常识错误，如毒药能毒死人、炸弹能炸死人，这种认识从常识上讲，并没有错误。② 迷信犯、愚昧犯预定实施的行为与实际实施的行为是一致的；如想用诅咒的方法"杀人"，实际使用的也是诅咒的方法。不能杀死人，不是因为实际使用的方法与预定的方法不一致，而是犯了常识错误，诅咒方法根本就不能置人于死地。相反，在不能犯未遂的场合，行为人实际使用的犯罪方法与预想使用的犯罪方法不一致，以致犯罪不能既遂，如在预想使用毒药毒死人的情况下用错了药。(对基础概念的考查，分点答出迷信犯、愚昧犯与不能犯未遂的区别，并举例说明)

16. 【参考答案】

(1) 本条规定了不当得利之债。其构成要件为：① 民事主体一方取得利益；② 他方受到损失；③ 一方取得利益与他方受到损失之间有因果关系；④ 取得利益没有法律根据。(对基础概念的考查，答出不当得利之债，并且分点作答构成要件即可)

(2) "损失"可以是现有财产利益的减少，也可以是财产本应增加而未增加，即应得利益的损失。此处的应得利益是指在正常情形下可以得到的利益，而不是指必然得到的利益。如无合法根据耕种他人土地，所有人丧失的对该土地的收益即属于应得利益，尽管该利益并非是所有人必然得到的利益。(具体答出"损失"包含现有财产的损失和应得利益的损失，因此处应得利益的损失不好理解，需具体解释应得利益的概念，才能答完整)

(3) "因他人没有法律根据"指的是一方获益既无法律上的根据，亦无合同上的根据。没有法律根据包括取得利益时无法律根据和取得利益时虽有法律根据

但嗣后丧失两种情形。（对基础概念的考查，答出没有法律根据的概念，以及具体包括哪些情形即可）

（4）不当得利一经成立，当事人之间形成债的关系，受损失的一方享有请求返还其利益的权利，获得利益的一方负有返还利益的义务。

应予返还的利益，包括原物、原物所生的孳息以及利用原物所取得的其他利益。返还利益的具体范围依获益方的主观心态而定：受益方为善意时，取得的利益已经不存在的，不承担返还该利益的义务；受益方为恶意时，受损方可以请求得利人返还其取得的利益并依法赔偿损失。一般认为，受益方为善意时，若损失大于利益，只返还现存利益；若损失小于利益，返还利益的范围以损失为准。受益方为恶意时，应返还其取得的全部利益，若利益少于损失，还须就损失与利益之间的差额进行赔偿。受益方取得利益时为善意，而后变为恶意的，返还的范围以恶意开始时剩余的利益为限。

此外，受益方已经将取得的利益无偿转让给第三人的，受损方可以请求第三人在相应范围内承担返还义务。（答出本条所言的不当得利之债的法律后果，并分别阐述善意、恶意情形下须返还的利益的区别）

17.【参考答案】

（1）本条第3款中的"首要分子"，是指组织、领导犯罪集团进行犯罪活动的犯罪分子。犯罪集团中的首要分子都是主犯。（对基础法条概念的考查，直接答出"首要分子"的概念即可）

（2）主犯和首要分子的区分：主犯不一定是首要分子，首要分子不一定是主犯。二者是交叉关系。主犯仅存在于共同犯罪中，包括犯罪集团中的首要分子、犯罪集团中除首要分子外起主要作用者和一般共同犯罪中起主要作用者以及某些聚众犯罪中的首要分子；而首要分子则包括犯罪集团的首要分子和聚众犯罪的首要分子。犯罪集团中的首要分子都是主犯，聚众犯罪中的首要分子不一定是主犯。聚众犯罪分为三种形态：① 全体参与者均可构成犯罪，如聚众持械劫狱罪。② 只有聚众者（即首要分子）和积极参与者可构成犯罪，如聚众斗殴罪。③ 只有首要分子才构成犯罪，其他参与者不构成犯罪，如聚众扰乱公共场所秩序、交通秩序罪。第①、②种情形中首要分子是主犯，第③种情形中，若首要分子仅有一人，则不构成共同犯罪，无主犯之说，若首要分子为二人以上，则构成共同犯罪，首要分子是主犯。（对基础概念的考查，答出主犯和首要分子的区别）

（3）"犯罪集团"，是指三人以上为共同实施犯罪而组成的较为固定的犯罪组织。犯罪集团的内部成员固定，有明显的首要分子，并在其组织、领导下形成统一的组织形式与纪律。犯罪集团具有以下特征：① 人数较多（三人以上），重要成员固定或基本固定；② 经常纠集在一起进行一种或数种严重的犯罪活动；③ 有明显的首要分子；④ 有预谋地实行犯罪活动；⑤ 不论作案次数多少，对社会造成的危害或其具有的危险性都很严重。（对基础概念的考查，答出"犯罪集团"的概念，以及分点答出犯罪集团的特征即可）

18. 【参考答案】

（1）民事法律行为的特征包括：① 民事法律行为以意思表示为基本要素。② 民事法律行为是以设立、变更、终止民事法律关系为目的的行为。（对基础概念的考查，分点答出民事法律行为的特征即可）

（2）《民法典》第134条第1款规定了多方民事法律行为、双方民事法律行为、单方民事法律行为。（对基础概念的考查，答出民事法律行为的种类即可）

（3）《民法典》第135条中的"书面形式"，是指以文字进行意思表示的法律行为形式，包括一般书面形式和特殊书面形式（公证、鉴证、审核、登记等）。"口头形式"，是指用语言进行意思表示的法律行为形式，包括面对面地交谈、电话交谈等。凡是法律不要求必须以书面形式进行的法律行为，都可以采取口头形式。（对基础概念的考查，答出"书面形式""口头形式"的概念即可）

(4) 民事法律行为的成立条件包括一般成立要件和特别成立要件。一般成立要件包括：① 有行为人；② 行为人作出意思表示；③ 有标的，即行为人通过其行为所要达到的效果。特别成立要件，即民事法律行为的特别成立要件，是指成立某一具体的民事法律行为，除需要具备一般成立要件外，还须具备的其他特殊事实要素。例如，实践性行为以标的物交付为特别成立要件。（对基础概念的考查，分点作答民事法律行为的成立条件，注意区分一般成立要件和特殊成立要件）

19.【参考答案】

（1）"犯罪的所得及其产生的收益"，是指由七类犯罪行为所获取的非法利益以及利用该非法利益所产生的经济利益。（对基础概念的考查，直接答出"犯罪的所得及其产生的收益"的概念即可）

（2）对本条七类上游犯罪之外的犯罪的违法所得及产生的收益实施转换行为的，不构成洗钱罪，构成掩饰、隐瞒犯罪所得、犯罪所得收益罪的，按掩饰、隐瞒犯罪所得、犯罪所得收益罪定罪处罚。（对基础法条理解的考查，区分此罪与彼罪，答出所构成之罪即可）

（3）本罪是事后帮助行为，只能在本条七类上游犯罪行为结束后参与洗钱，如果行为人事先参与了本条七类犯罪的通谋，约定事成后将犯罪的违法所得及产生的收益实施转换，则成立上游犯罪的共犯，以具体的上游犯罪的罪名定罪处罚，不成立洗钱罪。（对基础法条理解的考查，直接答出罪名并作出说明即可）

20.【参考答案】

（1）意思表示的概念：意思表示是民事法律行为的要素，是指向外部表明意欲发生一定私法上效果的意思的行为。特征：① 意思表示的表意人具有旨在使法律关系发生变动的意图，该意图不违反法律强制性规定和公序良俗，因而发生当事人所预期的效力。② 意思表示是一个意思由内到外的表示过程。单纯的停留在内心的主观意思是没有法律意义的，该意思必须表示在外，能够为人所知晓。③依据是否符合生效要件，法律赋予意思表示不同的效力。（对基础概念的考查，答出意思表示的概念及特征，注意分点作答）

（2）《民法典》第140条中的"明示"，是指以语言或文字等明示方式作出意思表示；"默示"，是指行为人并不直接表示其内在的意思，而是根据某种法律事实，按逻辑推理的方法或生活习惯，推断其内在的意思；"沉默"，是指行为人没有任何积极行为，但从其沉默就可以推断其内在意思，只有在法律规定、当事人约定或者符合当事人交易习惯时，才可以视为意思表示。（对基础概念的考查，分别阐述"明示""默示""沉默"的概念即可）

（3）《民法典》第141条中的"撤回"，是指在意思表示作出之后但在发生法律效力之前，意思表示的行为人欲使该意思表示不发生效力而作出的意思表示。撤回后会产生意思表示不生效的法律后果。（对基础概念的考查，阐述"撤回"的概念，并说明撤回后意思表示不生效）